前　　言

CI理论自诞生至今，已历经半个多世纪。近年来，面对发展迅速的社会，日新月异的生活和日益激烈的市场竞争，CI已成为企业必须拿起的一件基本战略武器，成为中国经济发展和民族品牌参与国际市场竞争的重要手段。仅仅从视觉表象上研究企业形象是不够的，我们需要在CI导入之前进行科学周密的调查，并在此基础上提出CI战略计划，并在较长的时间内将设计思想、创意表现与CI设计制作有机地结合起来。企业导入CI应该根据自身实际情况与需求，选择不同的角度导入，制定特定的CI推进路线，提出解决问题之道。CI战略的策划和导入是一项复杂的系统工程，它涉及企业的方方面面，既是企业外在形象的创立或革新，也是企业内部形象的革命。CI战略是一项长期的战略，需要较长的时间，在这较长的周期内，企业的经营状况、组织机构、市场竞争策略等可能会发生变化，这就要不断地完善、修正CI计划。

CI设计不是一种空洞的抽象哲学，也不是企业装潢门面的花瓶，而是一种实实在在的战略和战术，它必须是可操作的。目前，对CI设计的研究大多注重技能型研究，忽视对CI战略这一学科系统的论述和较深层次审美意识的研究。本书共分为5章，第1章主要阐述CI的内涵、发展历程、构成要素及原则，帮助学生掌握CI的概念及在不同时代、环境下的价值意义和设计形式；第2章主要介绍CIS设计的导入计划，使学生了解导入CI的提案内容、计划流程，掌握CI市场调研的内容及方法；第3章主要介绍CIS的核心构成部分——MI，使学生掌握企业理念识别系统的内涵及表现形式，了解企业理念识别的功能，明确企业文化与企业形象的对应关系以及企业形象的发展趋势；第4章讲解BI设计系统，通过教学使学生掌握企业行为识别系统的内容及行为系统建立的原则；第5章着重讲解VI设计系统，通过理论联系实践教学使学生掌握VI设计系统的开发步骤、基本要素设计及应用要素设计。本书由宏观至微观，从综述到分述，从理论到实践，包括大量的实例分析和精美的图片赏析，生动形象，可操作性强，力求通过理念和视觉的交流与大家沟通新的设计理念。

本书融合了视觉艺术、环境艺术、空间设计、营销管理、广告传播等多方面知识，图文并茂，内容新、取材广等。本书通过讲述CI项目的完整设计过程，能够充分配合工作室教学模式的教学工作，方便相关专业教师引导学生参与真实的企业形象策划和设计项目，对于人才培养模式转变及教学方法改革有极高的促进作用。

本书由刘成瑜和申成担任主编，王丽、贾慧华和程亚鹏担任副主编。本书编写过程中借鉴了国内外许多专家学者最新的作品和研究成果，由于时间所限且部分成果来自于网络，不便与作者取得联系,在此表示衷心的感谢与诚挚的歉意。

由于作者水平有限,编写时间仓促,所以书中错误和不足之处在所难免,悬请广大读者批评指正!

编者

2017年5月

"十三五"普通高等教育规划教材
高等院校艺术与设计类专业"互联网+"创新规划教材

CI设计与应用

主　编　刘成瑜　申　成
副主编　王　丽　贾慧华　程亚鹏

内容简介

本书全面阐述 CI 的内涵及发展历程、CI 的构成要素及原则、企业文化与企业形象策划、CI 的完整导入计划等原理；详细论述了企业的 MI、BI、VI 的内涵、功能、设计原则及方法；以大量的实例分析和精美的图片赏析辅助理论讲解，生动形象，可操作性强。

本书融合了视觉艺术、环境艺术、空间设计、营销管理、广告传播等多方面知识，图文并茂，内容新、取材广。希望本书能给予高校相关专业进行 CI 设计课程学习的师生和相关从业人员一定的启发和借鉴，进而在工作上不断地创新和发展。

本书可作为高等院校视觉设计、广告设计等专业课程的配套教材，也可作为设计爱好者和自学者的参考用书。

图书在版编目 (CIP) 数据

CI 设计与应用 / 刘成瑜，申成主编 . —北京：北京大学出版社，2017.8
(高等院校艺术与设计类专业"互联网 +"创新规划教材)
ISBN 978-7-301-28518-3

Ⅰ. ① C… Ⅱ. ①刘…②申… Ⅲ. ①企业形象—设计—高等学校—教材 Ⅳ. ① F272-05

中国版本图书馆 CIP 数据核字 (2017) 第 167809 号

书　　名	CI 设计与应用
著作责任者	刘成瑜　申　成　主编
策划编辑	孙　明
责任编辑	翟　源
数字编辑	刘　蓉
标准书号	ISBN 978-7-301-28518-3
出　版　者	北京大学出版社
地　　址	北京市海淀区成府路 205 号　100871
网　　址	http://www.pup.cn　　新浪微博：@北京大学出版社
电子信箱	pup_6@163.com
电　　话	邮购部 62752015　发行部 62750672　编辑部 62750667
印　刷　者	三河市北燕印装有限公司
发　行　者	北京大学出版社
经　销　者	新华书店
	787 毫米 ×1092 毫米　16 开本　9.25 印张　212 千字
	2017 年 8 月第 1 版　2020 年 1 月第 2 次印刷
定　　价	52.00 元

未经许可，不得以任何方式复制或抄袭本书之部分或全部内容。
版权所有，侵权必究
举报电话：010-62752024　电子信箱：fd@pup.pku.edu.cn
图书如有印装质量问题，请与出版部联系，电话：010-62756370

目 录

第1章　CI的内涵、历程与构成 1

第一节　CI的内涵与发展历程 2
　一、CI的内涵 2
　二、CI的发展历程 6
第二节　CI的构成要素及原则 15
　一、企业识别系统的构成要素 15
　二、CI的特征 18
　三、CI的基本原则 19
实践与练习 24

第2章　CIS设计的导入计划 27

　一、导入CI的提案内容 29
　二、导入CI的计划流程 29
　三、CI市场调研内容与方法 32
　四、企业形象定位与要素整合表述 35
实践与练习 40
附件 42

第3章　CIS的核心构成部分——MI 45

第一节　企业理念识别的概述 46
　一、企业理念识别的概念 46
　二、企业理念识别的功能 50
第二节　企业文化与企业形象策划 51
　一、企业文化与企业形象 51
　二、企业形象策划 54
　三、品牌形象策划 55
　四、品牌形象的发展趋势 62
实践与练习 67

第4章　BI设计系统 69

CONTENTS

  一、企业行为系统的构成 70
  二、行为系统建立的原则 73
  三、企业内部活动内容 74
  四、企业对外行为系统 76
 实践与练习 82

第5章 VI设计系统 **85**
  一、VI设计系统的开发步骤 86
  二、VI设计系统的基本要素设计 87
  三、企业标准色 98
  四、辅助图形 102
 实践与练习 114
  五、VI设计系统的应用要素设计 116
  六、VI应用要素部分的版面编排设计 124
 实践与练习 130
 附件 137

参考文献 **140**

第1章 CI的内涵、历程与构成

本章要求与目标

通过教学使学生了解CI的内涵、发展历程、构成要素及原则，掌握CI的概念及在不同时代、环境下的价值意义和设计形式，并在设计实践过程中统一、灵活地发挥其指导性作用。

本章教学框架

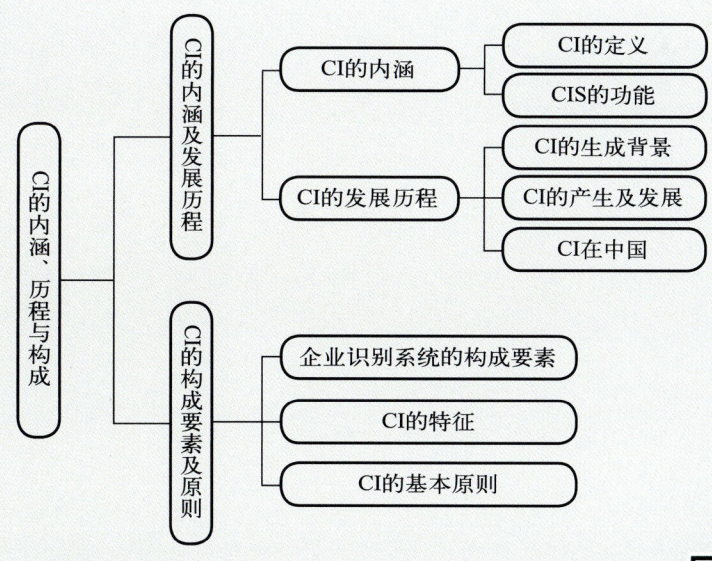

Dove 广告：你比想象中更美丽
【参考视频】

人的活动所留下的形象，若能深深烙印在同类团体中，便可代代相传。形象，平常事物经由特别的装扮所呈现出的外貌谓之"形"；"象"则通"相"字，如佛家所言"相由心生，相随心转"。当企业进行对外活动时，正是在对外界展现自身面貌。CI是将企业的经营理念和个性特征，通过统一的视觉识别和行为规范系统，加以整合传达，使社会公众产生一致的认同感与价值观，从而达成建立鲜明的企业形象和品牌形象，提高产品市场竞争力，创造企业良好经营环境的一种现代企业经营战略（图1.1）。

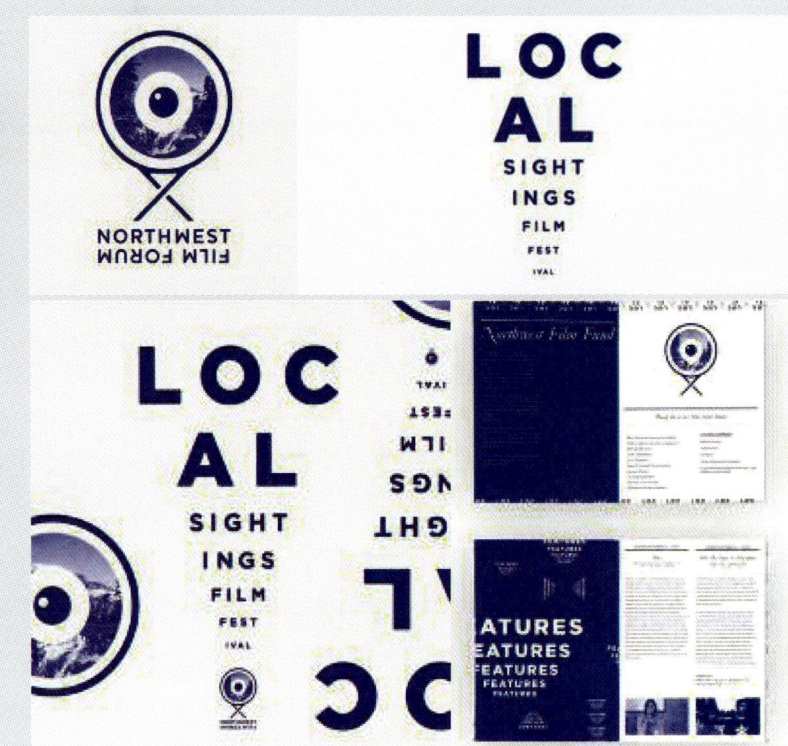

Local Sightings
电影节视觉形象
【图片案例】

图1.1　Local Sightings 电影节视觉形象

第一节　CI的内涵与发展历程

一、CI的内涵

给名词下定义的目的是为了加深人们对其的理解和认识，以便人们更加准确地运用这个名词。由于目前对CI的定义各说不一，因此，我们在给CI下定义前，有必要对CI这个概念的形成作简要叙述。

（一）CI 的定义

20世纪50年代末，美国企业界开始把企业形象作为与"人、财、物"并列的新的经营要素，使其成为企业传播的有力手段，并建立了一个崭新的形象塑造研究领域，出现了许多不同的名词：产业设计（Industrial Design）、企业设计（Corporate Design）、企业形貌（Corporate Look）、特殊设计（Specific Design）、设计政策（Design Policy），等等。最后统一改为：企业识别（Corporate Identity），简称"CI"。由此规划出来的设计系统，简称"CIS"。意为将企业的理念形象通过理性与感性等诉求方式做计划性的视觉规划，使之在多元化的经济体系中更加突出，让大众产生对企业的信赖感。而CI战略的过程，不只是在企业标志和视觉反应上有所诉求，综合运用策略，才能达到预期设定的目标。著名的日本CI专业公司PAOS社长中西元男先生对CI的定义是："有意图地、计划地、战略地展现出企业所希望的形象；对企业本身来说，通过公司内外来产生最佳的经营环境。这种观念和手法叫做CI"。

CIS，Corporate Identity System，即企业识别系统，还可译为"企业形象统一战略"。

（1）Corporate 是指法人、团体、公司（企业）；

（2）Identity 这个词，根据韦氏大辞典的解释，它有三个含义：①证明、识别，②同一性，一致性，③恒持性，持久性；

（3）System 是指系统、秩序、规律和体系。

CI可直译为"企业的统一化"或"企业自我同一化"。根据韦氏大辞典的解释，"Identity"的含义有："证明、识别"，"同一性"，"恒持性"。可见"Identity"一词，是视为一体的证明功能；也是归属化、一体化的作用；又是个人同一性的延伸与投射，意指将他人的行为、利害关系视为自己的扩大。因此，CI则是指将企业经营行为及其运作的经营理念或经营哲学等企业文化，通过媒体传达以增进社会认同的符码系统。CI是企业经营环境中塑造企业形象的有力手段，最终目的是为企业带来更好的经营成果。

因此，可将CI定义为：CI是将企业经营理念与精神文化，运用整体传达系统（特别是视觉传达设计），传达给企业体周围的关系者或团体（包括企业内部与社会大众），并掌握使其对企业产生一致的认同感与价值观。即，是结合现代设计观念与企管理论的整体性运作，以刻画企业的个性，突出企业的精神，使消费者产生深刻的认同感，从而达成促销目的的设计系统。

毋庸置疑，CI对于创造理想的经营环境而言是不可或缺的。但是，实施CI必须同时兼顾建立理想的经营理念和塑造良好的企业形象；尤其是针对企业外部因素，应采用有效的信息传达符码，以期达到互相交流，促成社会大众的认同，共享企业独特的价值观的目的。

企业经营面对不同社会因素，需要强有力的信息传递符码，对内达成统一意志、向心归属的机能，对外建立企业识别、社会认同等效用（图1.2）。所以，必须将企业的理念与行为，透过各种表现形式加以象征化、同一化、标准化、系统化。

CI是企业信息传达的关键所在（图1.3），作为视觉统一性的CI，正位于企业、信息传达和艺术的重叠处。就当今成功的CI案例中可以看出，CI与以往的企业所谓的形象战略具有较大的差异，有以下特质：

（1）CI非架空的经营理论，而是从市场行销、设计表现水准提高为经营哲学、企业文化的具体行动。

（2）CI是企业所有部门、员工的共同任务，而非只是广告、宣传部门的职责。

（3）CI涉及所有与形成形象有关系的因素，不只限于设计出标识字体与商标。

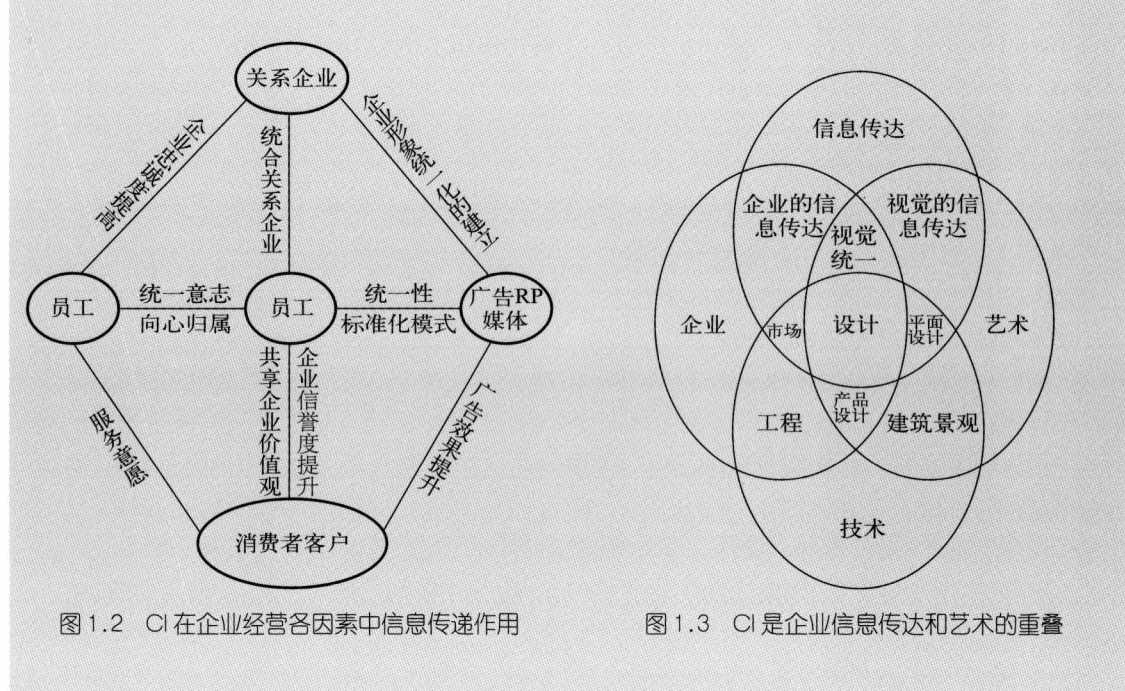

图1.2　CI在企业经营各因素中信息传递作用　　图1.3　CI是企业信息传达和艺术的重叠

（4）CI传达对象是企业员工、社会大众和机关团体，非只向消费者告知信息。

（5）CI是长期规划、系统化作业，非短期的即兴行为。

CIS由产业时代开始，进入现代化成熟的资讯时代。其实践性、战略性和未来性，都值得做深刻探讨。CI的属性是在完成企业形象的战略中，极重要的视觉设计要素。须承接观念论的抽象理念，并以落实为具体的视觉符号，以刻画企业个性。

（二）CIS的功能

CIS的具体功能可分为企业内部功能和企业外部功能。对内它可以提高企业管理能力，建立完好的企业文化，创造良好的内部环境，以激发企业员工的创造力和生产力，从而提高产品质量与生产效率，使企业进入良性循环。对外加强和提升企业形象及企业产品，积极建立友好的外部伙伴关系，使产品尽可能进入更多的销量渠道，以获得更大的生产利润。

1）企业内部功能

（1）CIS有利于提高企业内部管理，获得更多企业利润。

企业的利润与效益来自正确、有效的企业管理。企业的管理主要由对人的管理和对规章制度的管理这两点来构成，这两方面恰好是CIS所研究问题中的重要问题。

随着社会的进步以及人们文化素质的提高，企业对员工的管理要求也越来越高。作为现代企业应尽可能地淡化行政命令及单一物利诱的管理方式，积极倡导团结、诚信、合作的精神理念，提高和加强员工的主人翁意识，使个体行为与企业的整体利益融为一体。在企业内部，在任何一个社会群体或社会组织中，对于个体的正当要求在不损害群体利益的提前下应得到最大限度的满足。反之，对于那些损害群体利益甚至威胁群体生存的个人欲望应该加以限制。这种限制必须通过建立科学的规章制度来实施。该制度一旦形成，就必须有效地付诸实施，这种制订规章制度的过程以及保障规章制度有效施行的机制就是对制度的管理。将这种对人的管理和对制度的管理有机结合起来，将大大提高企业管理的效益，它不仅可以使员工树立以企业为家的观念，形成的内合力，还能够吸引人才，提高员工队伍的整体素质。

（2）CIS 有利于重建企业文化，强化员工精神面貌。

企业文化是企业员工所追求的固有价值、思维方式、行为方式和信念的综合，它是企业员工在企业长期的生存斗争中逐渐吸取经验和教训而发展起来的，作为企业生命中的一个因素，它对企业的现在和未来有着巨大的影响，是企业应对挑战和变化的力量源泉。一个企业组织，如果没有明确有力的企业文化，那么，它必然是一盘散沙、一事无成。企业文化最大的作用是强调企业目标和企业员工工作目标的一致性，强调群体员工的信念、价值观和共同性，强调企业对员工的吸引力和员工对企业的向心力。因此它对企业员工有着巨大的内聚作用，使企业对员工团结在组织内，形成一致对外的强大力量。当然，为了不断适应新形势、新环境的变化，文化也应不断发展。因此，企业可以通过推行CIS，使企业文化得以更新和重换，不断保持青春和活力。

2）企业外部功能

（1）CIS 有利于提升企业形象，拓展销售渠道。

现代CIS的诞生是为了将企业全面推向社会，通过一系列的形象设计，达到提升和强化企业形象，开发销售渠道的目的。

现代社会科技高度发展，生产力大幅度提高，社会产品极大丰富，大量产品投入市场。而且，同类产品在质量、性能、价格等方面越来越接近。因此，消费者在购物时的选择更多，也容易产生无所适从的心态。此时，企业形象在购物者的择物标准中就占有相当的比重。许多消费者在购物时，不论价格与质地，也不作任何比较，他们认定的就是产品的品牌。尤其是对于一些"老字号"的商品，更是表现出极强的信任度。因为他们信得过这个品牌，信得过这个企业。这种现象说明了企业的形象比商品的质量和价格更值得信赖。因此，只有企业形象提升了，企业声名远播，企业产品才会被更多消费者认可。名声确立后，品牌才会稳坐江山。因为消费者已经有了品牌意识和消费定势。在这方面有许多成功的范例，如"海尔""长虹""全聚德""同仁堂"，等等。

（2）CIS有利于改善企业外部环境，构筑企业稳固防线。

企业的发展，光有内部的有效管理还不够，还必须有有利于企业发展的外部环境，即所谓"内求团结，外谋发展"。这对于企业形象系统设计来说，也是非常重要的。CIS的引进，不但可以提高企业的知名度，树立企业形象，而且还是一种实力的体现。雄厚的实力不仅能鼓舞员工的信心，而且能够使与其相关的企业、政府部门、金融信贷、能源运输等单位和组织树立信心。

总之，CIS的推行使企业信息传播简单化、差异化、易于社会大众识别与认同，从而达到最佳的沟通效果。同时通过CIS创造的优良企业形象，也会为企业公关工作打下了坚实的基础。

二、CI的发展历程

CI作为一套在精神、行为和视觉形象上系统地塑造企业形象的方法，是现代管理学、市场学、营销学、公共关系学、广告学、组织行为学和社会心理学成果的运用，也是许多企业家经营实践和平面视觉设计师们智慧的结晶。CI在不同时代、不同国别、不同文化的企业中的运用，经历了一个由浅入深、由单薄到丰满的过程。

（一）CI 的生成背景

1945—1955年，由于物资缺乏，产品供不应求，企业只要推出价廉物美的商品，就会畅销，这是处于单靠"商品力"一轴指向的时代，是企业发展的初级阶段；1955—1965年，因为技术的提高，生产力大幅提高，大量产品涌入市场，物美价廉的商品随处可见。所以，企业力的提高，还要依靠推销员的推销，才能在市场上赢得较大的份额。这段时间是"商品力+推销力"的二轴指向时代；1965年以来，市场上充满价廉物美的商品，而且企业更加重视商品的推销，消费者有了更多的选择。在这种情况下，只有企业形象好的企业及其产品才能在强手如林的竞争中独占鳌头。这就说明现代企业力的构成除了"商品力""销售力"之外，还要加上"形象力"，即三轴指向的时代到来。

商品同质化现象愈发明显的今天，企业间和商品间的差异主要体现在企业形象和产品形象上，因此，导入CI，强化"企业力"的第三轴指向，即"形象力"，这是一种以"形象"制胜之路。

CI的产生有以下原因。

1. 企业内部自觉的需求

经营成功与否，与企业内部人、事、物息息相关。为适应时代发展的需要，具有前瞻性的企业，都会自觉地统整经营策略。

1）吸引人才、确保生产力

企业招聘能否吸引优秀人才，能否保证企业生产力的持续，能否避免人事变动频繁，均有赖于形象好坏。

2）激发员工士气、改造组织气候

CI中的VI（全称Visual Identity，即企业视觉设计，是将CI的非可视内容转化为静态的视觉识别符号。），具有包装功能，能给人以耳目一新、蓬勃向上的感觉，激发员工士气，提高工作效率。

3）增强金融机构、股东的好感与信心

导入CI，是企业组织完善、制度健全的表征。不仅能增加顾客的好感，也可增强金融机构、股东的好感与信心。

4）团结关系企业

CI的特质在于团结关系企业，加强各企业的向心力，共同为企业发展而效力。

5）提升企业知名度

企业形象建立与知名度的提升是CI的基本功能。消费者对于建立了系统CI的企业较易产生组织健全、制度完善的信赖感与认同感。

6）提高广告效果

CI统一与系统的VI，可加强广告传达信息的频率与强度，广告效果亦会产生倍增的扩散。

7）增加企业营业额

导入CI，将会推动消费者的购买意念及对企业的认同，企业的营业额自然会提高，而此点正是CI中重要的主题之一。

8）统一设计形式、节省制作成本

CI建立后，企业各部门要遵循CI手册的设计形式并应用，可收到统一的CI系统带来的效益，节省制作成本、减少设计时间的浪费。

9）方便内部管理

企业面对产品及应用设计，需制作一套方便的管理系统。CI的规格化、系统化，简化了作业流程。CI也可缩短新员工训练、教育与适应工作的时间。

香奈儿创意广告
【参考视频】

2. 市场经营外在的压力

现今，企业因来自竞争者、消费者和成本等各方压力，其经营活动面临各种挑战。

（1）成本挑战：因经济快速发展，物价上涨和物料成本上升，降低成本、低价销售策略使竞争者在生产上趋向同质化；因此，须在企业形象上增强顾客的信赖感、亲切感与认同性。

（2）竞争挑战：市场竞争日趋白热化，竞争者的策略、行动常会相互抵消竞争力，面对这种趋势，唯有强而有力的非价格竞争，才能树立独特的MI，脱颖而出。

（3）传播挑战：大众的消费趋向受到传播媒体的直接引导。铺天盖地的广告、雷同的企业让消费者无所适从；只有创造有秩序、统一和独特的传播讯息，才能塑造良好的企业形象。

（4）顾客挑战：现在顾客的购物方式、购物渠道日趋多样化，所以企业应由做广告、做宣传转而关注产品本身，同时要做好服务。

（二）CI的产生及发展

CI的早期实践可以追溯到1907年，建筑设计家培特·贝伦斯为德国通用电气公司（AEG）下属的一个无线电器公司设计标志，并将公司标志印在信封、信纸等办公用品上，这被看作是视觉识别设计的萌芽。AEG在其系列电器产品上首次采用培特·贝伦斯设计的商标，成为CI中统一视觉形象设计的雏形（图1.4）。

1932—1940年，英国实施伦敦地下铁路工程，该工程由英国工业设计协会会长弗兰克·毕克负责，被称为是"设计政策"的经典之作。

美国是CI理论的发源地，早在20世纪30年代初期，美国著名的设计家雷蒙特·罗维和保罗·兰德等人就提出了CIS这一用语，即Corporate Identity System。

图1.4　AEG公司的标志

第二次世界大战后，美国的经济一直处于领先地位，企业重视工业设计和产品的视觉设计。现代意义上的企业识别系统概念产生于美国。1950年，美国专业设计刊物《图案》杂志首次使用"Corporate Identity"这一术语。20世纪50年代中期，美国首先推行了CI设计。第二次世界大战后，国际经济复苏，企业经营者开始意识到建立统一的识别系统以及塑造独特的经营观念的重要性。

20世纪50年代初，美国国际商业机器公司虽已颇具规模，但形象混乱，竞争力不足，1956年，公司董事长小托马斯·瓦特逊就多年的经营、形象等问题与该公司首席设计顾问艾略特·诺伊斯进行了长时间的商讨后认为，公司在今后参与市场竞争、开发世界市场的工作中，应有意识地在消费者心目中留下一个具有视觉冲击力的形象标记，也就是说，需要设计一个体现公司开拓、创造精神和富有个性的公司标志。美国国际商业机器公司的全称是International Business Machines Corp.，这样长的名称不但难记忆，且不易读写，显然，这是公司形象宣传上的一大障碍。通过把公司的诸多优势进行横向分析，选择出一个共同的焦点提炼升华，然后达到设计图案的完美统一。那么，其标志的视觉感染力和理性内涵将是不言而喻的。最终，设计师保罗·兰德为公司设计出了延用至今的清晰易读而造型优美的IBM字体标志，并使这个标志得到广泛应用（图1.5）。

图1.5　IBM标志

保罗·兰德（Paul Rand）所设计的标识字，也是字体标志（LOGO Mark），具有强烈视觉冲击力粗黑字体，有良好的易读性和视认性。随着企业的发展，IBM已成为电脑的代名词，宣传公司知名度已无必要，而主要应表现IBM的经营哲学：品质感与时代性。1976年保罗·兰德又设计变体标志以表现时代意义，共有8线条纹与13线条纹两种，粗细线双钩及反白设计5种，合计8种表现形式（图1.6）。1978年4月起为了统一企业形象，避

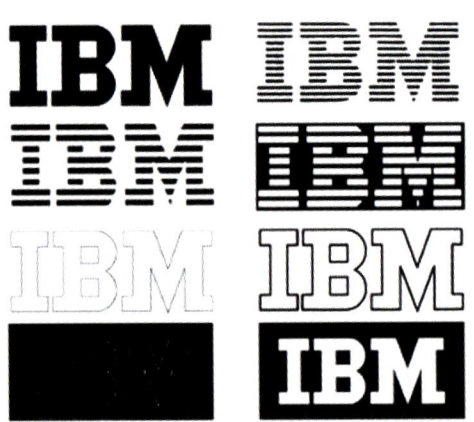

图1.6　IBM公司变体标志设计

IBM 创意广告
【参考视频】

免产生混淆的观感，规定以条纹标志为标准型。IBM在全美各分公司成立设计中心，定期进行交流，又制作了设计指导手册以供各分公司使用。"IBM不是竞争，而是创造环境。"这就是IBM的设计原则。当时除IBM，美国较早导入CI的公司还有美孚石油、远东航行等；而在欧洲，1967年美国人雷蒙德·罗维（Raymond Loeway）为荷兰壳牌石油设计的CI（图1.7），德国的乌尔姆造型学院为著名的汉莎航空公司导入CI。这时的CI设计同常规商业设计不同。是为表现企业特性，并非简单地把各要素叠加，是构筑设计系统，传达统一形象。从此，通过设计系统来塑造企业形象的经营方法，就被称为CI。

1886年，美国亚特兰大的药剂师约翰·派伯顿，创造了可口可乐（Coca-Cola）饮料，以其独特的口味，成功的营销，使产品风靡全球。时至今日，可口可乐的品牌价值已高达360亿美金，其力量何在，当时的董事长迪克森曾言："我不愿停留在传统的过去，而希冀在新鲜的未来。"1965年，主管营业销售部门的副总经理哈威和美国总公司副总经理兼品牌主管赫伯特二人在纽约第五大道伊丽莎白·阿登美容室讨论，要塑造可口可乐的新形象，形成影响世界饮料市场的新计划——"阿登计划"。经调研决定可口可乐的形象以Coca-Cola的书写字体、Coke的品牌名、红色的标准色、独特的瓶形为核心要素，新设计必须以此为基础。"阿登计划"关于开发新形象而设定的目标：对消费大众，不但要使其继续饮用，更要使其认识饮用可口可乐的价值感；要使人们认识到可口可乐品质优良，是家喻户晓的饮料；年轻人对可口可乐有强烈的诉求；迅速将可口可乐新形象在消费市场中建立起来。

设计公司花数月时间，从数以百计的方案中审慎选出"阿登计划"的核心（图1.8）：正方形中配置Coca-Cola书写体的标准字，瓶形特有的弧线轮廓予以象征化，变成缎带一样的线条。标志诞生后，便进行应用设计的组合实验，经调研、设计及反复测试修正，历时三年，1968年年底，获公司决策者的认同。一年后，在迈阿密召开了由全美经销商、零售代表共七千多人参加的大会，正式发表新CI，散发以迎接70年代为题的手册，说明标志变更的原因："70年代是转变的年代，是生活形态、价值观、个人志向等转变的时代。更是个'More'的时代。"扉页上即以MoR为标题，预言70年代将是人口激增、收入增多、家庭中心化、闲暇时间增多、年轻人教育水平提高、白领增多、人口密集、活动空间扩大、动荡的时代。可口可乐导入CI正是为了适应新时代精神，领导时代潮流。1970年，公司正式采用新的CI，此举震惊了世界。如果说IBM给人的印象是："组织健全、充满自信、永远走在电脑科技尖端的国际公司"，那么，可口可乐则被称为是："美国国民共有的财产"。这是有目共睹、有口皆碑的事实。

图1.7 壳牌石油标志

图1.8 可口可乐标志

壳牌石油广告
【参考视频】

可口可乐企业
VI设计欣赏
【图片案例】

自此开始，欧美CI进大了一个全盛时期，杰出的案例层出不穷，如德国的BRAUN家电产品，美国的CBS、RCA、3M（图1.9）、PANAM、EASTERN、MOBIL，意大利的FIAT汽车（图1.10），英国的BLUECIRCLE水泥、LUCAS汽车、航空机制公司等，现在欧美大部分上市公司都实施了CI。

图1.9　3M标志

图1.10　FIAT标志

日本在20世纪60年代末期开始出现CI设计，如东电化（TDK）制作的CI手册，但真正的引入，则从1975年东洋工业改名为MAZDA（图1.11）开始。第一劝业银行、伊藤百货的成功导入CI使CI在日本流行，许多企业纷纷加入，如：健伍、伊势丹、三井、大荣、棋磷、亚瑟士、Nn、松屋、小岩井等。仅在1983年1月~1983年4月，就有40多家企业导入CI，如富士、松下、日立、丰田等大企业。1984年，又有129家效仿。这些企业的成功也影响了政府、社会团体等，如神奈川、东京都等就借助CI焕发出新的活力。可见CI已成为日本经济的重要组成部分。期间，美国知名设计顾问公司兰多为日本CI的发展起了重要作用，如：美津浓、富士（图1.12）、华歌尔、白鹤等公司CI均出自其手。当代美国设计大师索尔·巴斯也为美能达、味之素企业规划了CI。1968年著名的日本CI专业公司——PAOS成立，独立推广日本式CI，促进企业经营策略与传播导向的完善，如松屋导入CI后的营业额增长118%；小岩井导入CI后的营业额提高了270%。PAOS设计的作品众多，理论影响深远。根据国情与文化传统，创立了以人为中心、以企业文化为基石的"日本型CI战略"，逐渐为世界所重视。

马自达汽车广告
【参考视频】

图1.11　马自达标志

图1.12　富士标志

日本在接受CI的过程中，融入了日本企业界自身的管理特点和文化特点，与美国企业相比，日本企业更注重精神的激励作用。进入20世纪80年代，日本企业界对CI的认识和实际运用发生了质的变化。他们将美国创造的以视觉识别系统为核心CI与富有特色的日本企业文化相结合，在企业理念开发、企业经营活动和企业视觉要素这三个方面加以整合，形成了具有日本民族特色的CI。希冀借助企业识别系统，产生企业体制和员工观念的革命性变化。华歌尔公司企业识别系统的导入堪称这方面的典范（图1.13）。1979年11月1日是华歌尔公司创办30周年纪念日，该公司是生产女性服装和内衣的著名企业，内外形象均不错。当时关于企业形象的调查显示：1545名的女性顾客，对华歌尔公司有"值得信赖""领先社会潮流""高雅""清洁感"等较好的形象评价；其他方面的调查也未看出任何有关企业形象的不良评价。公司之所以投入大量的人力、物力导入企业识别系统，主要是为了对新员工进行艰苦奋斗的教育，重新确认创业精神和相互信赖的经营理念，树立成为世界著名服饰企业的奋斗目标。导入企业识别的策划工作由著名的电通公司负责，电通进行了充分的调查，并将全体员工分为数个小组进行多次讨论，讨论的内容均是围绕企业理念、经营方针和员工所应具有的行为规范进行。通过与决策层的意见交流和全体员工的积极参与，经营方针和品牌战略确认为"3F构想"，即女性、质地、时尚。在新企业理念和经营方针的指引下，最终产生了华歌尔新的视觉标志。该标志主要传达四个象征性意义：①飞跃的翅膀；②亲切感；③企业的发展；④含有第一个英文字母W。

亚洲四小龙之一的韩国，在20世纪80年代初奋起直追，在其经济起飞期，积极倡导CI，表现出参与国际竞争的胆识。如喜乐金星、三星、双龙、大宇（图1.14）、现代（图1.15）、国民银行，等等，纷纷导入CI，企业纷纷向海外扩张。时至今日，几乎所有的大型企业、事业都导入了CI，就普及程度而言，已在亚洲前列。

如今，各国企业为以全新形象参与国际经济，争相导入CI，随着经济全球化的到来，可以说，只有成功开发和实施CI的企业才能够在经济舞台上扮演重要的角色。

图1.13　华歌尔标志

现代（Hyundai）汽车企业VI设计标准手册
【图片案例】

图1.14　大宇标志　　　图1.15　现代标志

（三）CI在中国

中国是对形象识别系统的应用最早的国家之一。从衣冠饰物、朝廷礼仪、典章制度、宗族徽记等中都有所体现。经济识别大约始于北宋，在《清明上河图》中可见当时的商家已经知道利用招牌、商品包装进行宣传。但是，现代意义上的CI的引进则始于中国台湾。

1967年中国台湾台塑企业董事长王永庆委托曾在日本留学的郭叔雄规划其CI，他们配合经营需求，设计出波浪形外框，将下属企业结合起来，象征企业绵延不断发展。这种多角经营的设计形式，配合企业发展扩大，自由组合、增加（图1.16）。后来，台塑已由原7个关系企业，发展至11个关系企业，年营业额16.5亿元，是当时中国台湾最大的集团公司。由于当时竞争不激烈，CI并不发达。1971—1980年，因出口大幅增加，中国台湾制造业以劳力代工的生产模式，赚取大量外汇。这时的CI普遍重视视觉设计而非整体性能；如1978年，大同企业利用创业60周年之际导入CI，将原长方形商标改为圆形标志，并逐步统一关系企业标志，在形象上进行了大幅度调整，一改"民族工业、国货产品"的保守自居形象；进一步塑造"产品行销全球的国际性公司"的CI。

图1.16　台塑集团标志

20世纪70年代初，味全公司作为中国台湾食品业之首，因扩展国际市场需要，原来以双凤为基本型的标志，无法显示经营内容与实态。故聘日本设计师大智浩为顾问，全面调研以开发味全CI。最终，提出象征五味俱全W字造型的五圆标志，发展系列性传达样式，统一视觉形象。10年后，味全为适应时代发展、市场压力和内部需求，重新检讨整个计划实施与执行，委托日本伊东设计研究所进行味全CI的修订计划。将原有标准字体线端改为弧角（图1.17），此举树立了中国台湾CI之典范。

图1.17　味全公司标志

1985年以前，中国台湾企业通过大规模的整合，配合不断横向扩张的多元化经营策略，形成了组织庞大的企业集团。为树立良好的企业形象，纷纷利用各种渠道来塑造CI。如1980年底，"和成窑业"庆祝创立50周年时，展示了由日本人吉川博教设计的深蓝色的英文字母"HCG",喻义"和成"二字的蜕变造型与国际化经营的志向(图1.18)。1985年以后,中国台湾CI发展如滚雪球般快速地成长,究其原因:一是因市场竞争日趋激烈,为适应竞争的需要;二是因国际市场的开放,企业开始重视自创品牌,以便与国际市场接轨,走向国际化。

图1.18 和成窑业标志演变过程

新中国成立后,虽然并未引进CI理论,但人们对其并不陌生,如民航、铁路、人民银行及一些高级宾馆都有自己标志、字体和应用设计。铁路系统的CI便是成功案例,是由"工""人"二字组成标识图案,"工"字寓意为工字钢型铁轨的横断面,表明企业性质,又可释为工人阶级为主的企业;"人"字寓意为"人民铁路为人民"的宗旨;二字结合可抽象地视为火车头的形象,充满势不可挡力量;图形用红色表现,鲜明、醒目,寓意为中国共产党领导下的企业(图1.19);简洁、明了、美观、大方,堪称杰作。但总的看,那时对树立企业形象,特别在识别功能和视觉的统一性上的认识普遍不足,有些企业虽有标志,但多不规范化,甚至是重复和大量的模仿。

图1.19 中国铁路系统标志

20世纪80年代末,随着改革开放与经济发展,我国企业从以前单一的计划经济模式变为多种经济模式并存,市场竞争日趋激烈国。改革开放以来,许多企业导入CI,为后来CI的扩展起到了"领头羊"的作用,如,中国银行、黑又亮、一枝花、丽斯达、康恩贝、万宝电器、太阳神、联想集团、四通集团等数十家企业。广东的太阳神企业通过CI导入,把一个80年代还在乡镇里默默无闻的小厂,发展为饮料、食品、药业、房地产、贸易等多种经营的集团公司,营业额由1988年520万元增至1990年的4000万元,1991年达8亿元,1993年超过12亿元,它以红色圆形与黑色三角形构成为基本定位,象征太阳与人的视觉形象深深地留在消费者的脑海中。树立了一个中国保健品行业家喻户晓的品牌——太阳神，成为以"服务国人健康、倡导健康生活方式"为宗旨的大型保健品企业集团（图1.20）。

太阳神商标设计意念如下所述。

（1）太阳神商标的图案设计，以简练、强烈的圆形与三角形构成基本定格，用圆与三角构成对比中力求和谐的形态。

（2）三角形的放置呈向上趋势，是APOLLO的首位字母，象征"人"字的造型，体现出企业不断发展的意境和以"人"为中心的服务及经营理念。

（3）以红、黑、白三种永恒的色彩，组合成强烈的色彩反差，体现企业不甘现状，奋力开拓的整体心态。

（4）"太阳神"字体造型是根据中国象形文字的意念，"阳"字篆书字体的"☉"作为主要特征，结合英文APOLLO的黑体字形成具有特色的合成文字。

（5）"APOLLO"在古希腊神话中是赋以万物生机、主宰光明的保护神，亦是诗歌、音乐、健康、力量的美好象征；是人文初祖的崇拜图腾与现代偶像的完整糅合，是一个永恒的艺术形象。

1990年北京亚运会期间，健力宝集团（图1.21）斥资1500万元占据了几乎所有最佳广告空间，数月后，健力宝集团就在全国糖酒秋季广交会上，获得8.5亿元的订单。

图1.20　太阳神企业标志

图1.21　健力宝标志

20世纪90年代，大批企业纷纷导入CI，成为当时的热门话题，如乐百氏、999、芬格欣、卓夫、美的空调、容声、科龙、名格、好来西、杉杉、长江、新飞、神州、浪奇、娃哈哈、太太、美菱、古井、嘉陵等企业都以骄人业绩成为人们心目中的名牌。1988年后，一些CI策划设计公司应运而生：如，广州新境界设计群、华夏企业形象创意中心、深圳力创企业形象设计公司、北京始创国际企划有限公司等。1993—1994年，各地纷纷举办CI理论研讨会。中国科学院心理研究所成立了CI研究开发中心。中国教育电视台反复播放CI系列讲座，各地媒体群起响应，为CI普及大造舆论。近年来，包括中央党校在内的高等学校相继开设CI课程，通过工业设计教学积极培养人才，大连轻工业学院还率先建立起专业的CI工作室，在视觉传达设计的教育中把CI作为重要课题，向新闻界、企业界推广CI理论与实践。可见，CI对中国企业确实起到重要的作用。同时，亦为经济发展的必然。

企业形象随着经济的发展已经成为决定企业生存和发展的重要因素。中国有很多企业的优质产品从市场导入期、成长期进入成熟期后，不久便进入市场衰退期，其过程不过短短几年。究其原因并不全在产品技术与质量方面，而在于企业缺少系统、周密的长期战略，以及实现企业战略目标的实施计划。所以，企业无力巩固现有市场，控制市场和开发新市场。推广CI战略能为企业注入新的活力，有助于缩小我国企业与工业化发达国家企业之间的差距，提高其经济效益与社会效益，对于企业参与国际市场的竞争有着深远的影响。

总之，只要存在商品经济，就需要CI战略。在卖方市场演变为买方市场，在世界经济已经向全球化发展的今天，导入CI已是一个企业赖以生存的必备条件。

第二节　CI的构成要素及原则

从上一节的内容中，我们可以清楚地了解CI的基本含义，其本质是一种塑造企业（或其他组织）形象为目标的组织传播行为。所以说，CI是企业管理的一部分。CI设计的起点是将构成企业形象的要素转化成统一的识别系统，然后再借助于信息传达将其准确、清晰地展示在公众面前，在信息传送者和接受者之间反复的相互作用过程（信息传递与信息回馈）中形成符合CI设计的企业形象。可见，"企业"既是CI的出发点，同时也是CI达成的目标。那么，企业识别系统的构成要素是什么、企业识别系统有哪些特征和策划设计的基本原则是我们本节要探讨的问题。

一、企业识别系统的构成要素

企业识别系统的构成要素包括：理念识别、活动识别和视觉识别。

理念识别（Mind Identity，MI）是系统的大脑和灵魂，企业的"心"。

活动识别（Behavior Identity，BI）是骨骼和肌肉，企业的"手"。

视觉识别（Visual Identity，VI）是外表形象，企业文化是供血系统，企业文化一旦形成，CI系统就有了生命力，企业的"脸"。

三者相互作用塑造企业独特的形象。

企业的识别系统的三个构成要素间的关系相当于一个人的心、行为、表情三者之间协调一致的关系（图1.22）。

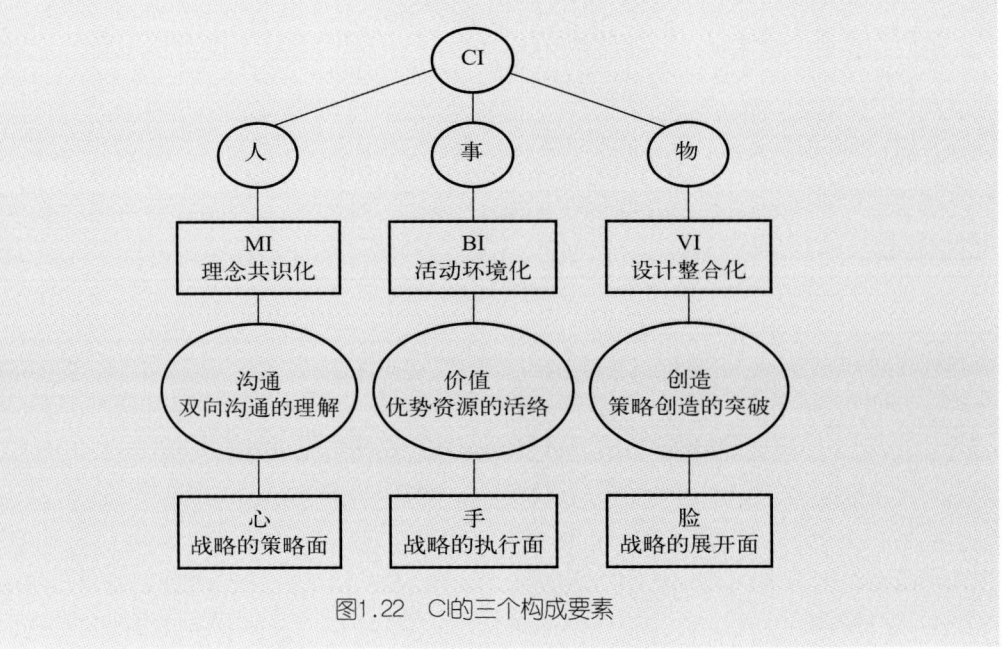

图1.22 CI的三个构成要素

上述三个子系统是一个有机的整体，同时又各有区别：理念系统是整个识别系统的主导内容，是建立整个企业识别系统的原动力，有了理念系统，才能确立企业的主体性，指导企业的发展方向；行为识别系统是企业识别系统的本质内容，它是一种动态的形式，强调一种行为过程，是建立整个识别系统的关键，有了行为系统，企业的理念才能落到实处，推动企业良性发展；视觉识别系统是企业识别系统的基础内容，是实施CI的中心环节和重点所在，因为有了视觉系统，才能及时地、鲜明地向社会传达企业经营的信息，便公众在视觉上产生强烈刺激，最终树立起企业的形象。这三者的关系可用下图来表示（图1.23）。

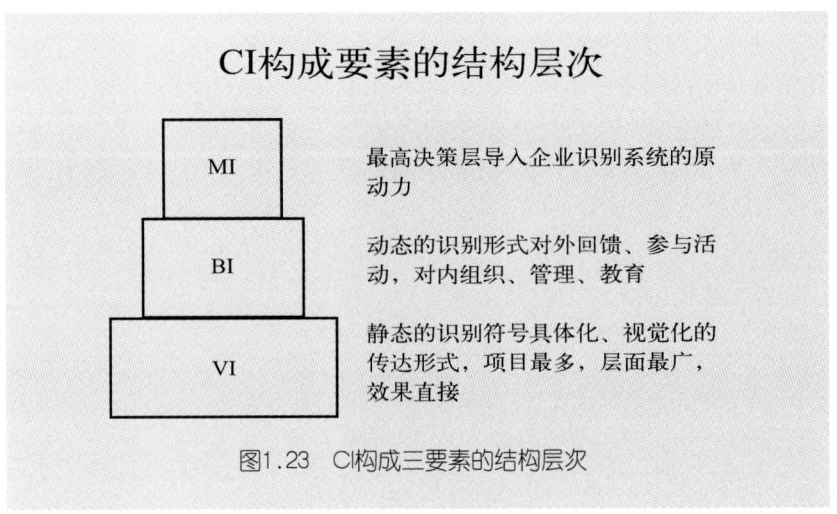

图1.23 CI构成三要素的结构层次

索尼（sony）VI
设计标准手册
【图片案例】

企业经营理念方针的完善与坚定，是企业识别系统基本的精神之所在，也是整个企业识别系统运作的原动力。经由这股内蕴的动力，影响企业内部的动态、活动与制度，组织的管理与教育，并扩及对社会公益活动、消费者的参与行为规划；最后，经由组织化、系统化、统一化视觉识别计划传达企业经营的讯息，塑造企业独特的形象，达到企业识别的目的（图1.24）。

1. 理念识别（Mind Identity）

企业理念（MI）是由企业积极倡导，全体员工自觉实践而形成的代表企业信念，激发企业活力，推动企业生产经营的团体精神和行为规范。

企业理念系统包含两个层次的内容。

（1）企业制度和组织结构层，包括各种管理制度、规章制度、生产经营过程中的交往方式、生产方式、生活方式和行为准则。

（2）企业精神文化层，包括企业及员工的概念、心理和意识形态等。它是一种通过企业经营理念定位，来传达企业宗旨、企业精神、企业目标，从而展示企业独特形象的设计系统，其内涵包括几方面：①确立企业的发展战略目标；②规范员工市场行为的基本准则；③企业独特形象形成的基础和原动力。

基于这三点，有人称MI为"企业的心"，没有它，其他识别系统的建立将是不稳固的。

2. 行为识别（Behavior Identity）

它是一种在经营理念指导下，通过表现企业对外参与、反哺，对内组织、管理、教育、培训等活动，来展示企业独特形象的设计系统。行为识别主要包括发展战略的策划，经营目标的确定，管理体制的革新，组织机构的设置，科技发展的重点，产品开发的方向，促销手段的运用，公关活动的范围等。从形式上看，行为识别系统是一种反映企业动态过程的设计系统，是企业市场行为规范化、标准化的要求，因此相对于其他识别系统的建立来说，它较为复杂，较有弹性，实施起来较难。然而，它却是企业识别系统能否真正建立起来的关键，是"企业的手"。

3. 视觉识别（Visual Identity）

它是一种在企业经营理念、战略范围和经营目标的支配下，运用视觉传达方法，通过企业识别的符号来展示企业独特形象的设计系统。视觉识别系统的作用，可分为基础和应用两大部分。基础部分包括企业标志、品牌标志、标准字体、标准图形、标准色彩等，应用部分包括产品及其包装、生产环境和设备、展示场所和器具、交通运输工具、办公设备和用品、工作服饰、广告设施和视听资料、公关用品和礼品、厂旗、厂徽、指示标志和路牌等所有方面的应用设计。因为视觉识别系统是企业形象的直接传达系统，故被称为"企业的脸"。

```
                           ┌─────────────────────┬─────────────────────┐
                           │        对内         │        对外         │
                           ├─────────────────────┼─────────────────────┤
                           │ 1. 干部教育         │ 1. 市场调查         │
                           │ 2. 员工教育         │ 2. 产品开发         │
                           │    服务态度、电话礼貌│ 3. 公共关系         │
                      BI   │    服务水准、作业精神│ 4. 促销活动         │
                           │ 3. 生产福利         │ 5. 流通对策         │
                           │ 4. 工作环境         │ 6. 代理商、金融业、股市│
                           │ 5. 内部营业         │ 7. 公益性、文化性活动│
                           │ 6. 生产设备         │                     │
                           │ 7. 废弃物处理、公害对策│                  │
                           │ 8. 研究发展         │                     │
  ┌──────────────┐         └─────────────────────┴─────────────────────┘
  │ 1. 经营信条  │
MI│ 2. 精神标语  │         ┌─────────────────────┬─────────────────────┐
  │ 3. 座右铭    │         │      基本要素       │      应用要素       │
  │ 4. 企业性    │         ├─────────────────────┼─────────────────────┤
  └──────────────┘         │ 1. 企业名称         │ 1. 事务用品         │
                           │ 2. 企业品牌标志     │ 2. 办公用具、设备   │
                           │ 3. 企业品牌标准字   │ 3. 招牌、旗帜、标识牌│
                      VI   │ 4. 企业专用印刷字体 │ 4. 建筑外观、橱窗   │
                           │ 5. 企业标准色       │ 5. 衣着制服         │
                           │ 6. 象征图形         │ 6. 交通工具         │
                           │ 7. 企业宣传标语、口号│ 7. 产品            │
                           │ 8. 市场行销报告书   │ 8. 包装用品         │
                           │                     │ 9. 广告、传播       │
                           │                     │ 10. 尺寸、陈列规划  │
                           └─────────────────────┴─────────────────────┘
```

图1.24　CI三要素的内容表现

二、CI的特征

CI的特征有差别性、标准性和传播性。

1. 差别性

这是CI的最根本的特征。差别性不仅体现在企业的视觉标志上，如商标、标准字、标准色、广告、招牌、徽章等，而且表现在企业的产品特点、经营风格、服务规范及企业文化、企业战略上。在竞争日趋激烈的今天，企业没有一个完整、可以实施的CI系统固然不行，CI系统不能很好地体现企业的独特性也是不行的。

2. 标准性

首先，一个成功的CI设计应该有标准性，整个系统的各个方面都有严格的使用规范标准；同时，有了标准化的CI系统，还必须在整体上得到贯彻，实行标准化管理，如标准字、标准色、商标及标语的使用都应严格规范。因此，企业在导入CI时也应得到企业员工的认同，自觉接受和实施CI的具体规定，使CI得到持续长久的标准实施。如果CI本身设计不规范，或在使用时不规范，都会影响企业形象的"差别性"表现。

华为（Huawei）
企业 VI 设计标
准手册
【图片案例】

3. 传播性

　　一个成功的CI不仅在于成功的设计，更在于成功的传播。"传播"意味着"存在"，这是至关重要的。因此CI必须借助各种媒体和渠道进行充分、广泛的有效传播，使企业得到消费者的认可、政府的支持、关系企业和组织的协助以及社会公众的赞赏，从而达到企业实施CI的目的。此外，不可忽视的是CI也涉及企业内部传播的问题，这是CI实施标准化管理的需要，而企业文化的塑造也需要企业全体员工通过积极的反馈以达成共识。

　　CI是现代企业发展战略之一，这已成为企业界的共识，全球很多企业实施CI的成功案例也充分证实了这一点，可以说有效地实施CI战略，是现代企业的必由之路，是一个企业在竞争日益激烈的市场上生存、发展的"护身符"。另外，我们对CI的功能要有一个恰如其分的评价，不要过于夸大它的作用。CI的真正意义在于"传播"，通过有效的传播得到公众的认可，在消费者心目中树立一个良好的形象，从而促进企业产品的市场销售，推动企业的发展。因此，一个运转良好的企业，有效地实施了CI，会"如虎添翼""锦上添花"。事实证明：成功的企业，一般都会导入CI。CI属于形象传播范畴，是建立在传播基础上的企业形象战略（图1.25）。

图1.25　小木马品牌形象设计/学生作品/　指导教师：王丽

三、CI的基本原则

小木马品牌形象设计
指导教师：王丽
【图片案例】

　　进行CI设计必须把握同一性、差异性、民族性、有效性等基本原则。

1. 同一性

　　为了达成企业形象对外传播的一致性与一贯性，应该运用统一设计和统一大众传播，用完美的视觉一体化设计，将信息与认识个性化、明晰化、有序化，把各种媒体上的形象统一，创造能储存与传播的统一的企业理念与视觉形象，这样才能集中与强化企业形象，使信息传播更为迅速有效，给社会大众留下强烈的印象与影响力。

　　对企业识别的各种要素，从企业理念到视觉要素予以标准化，采用同一的规范设计，对外传播均采用同一的模式，并坚持运用，不轻易进行变更。要达成同一性，实现CI设计的标准化导向，必须采用简化、统一、系列、组合、通用等手法对企业形象进行综合的整理。

（1）简化：对设计内容进行提炼，使组织系统在满足推广需要前提下尽可能条理清晰，层次简明，优化系统结构。如VI设计系统中，构成元素的组合结构必须化繁为简，有利于标准的施行。

（2）统一：为了使信息传递具有一致性和便于社会大众接受，应该把品牌和企业形象不统一的因素加以调整。品牌、企业名称、商标名称应尽可能地统一，给人以唯一的视听印象。

（3）系列：对设计对象组合要素的参数、形式、尺寸、结构进行合理的安排与规划。如对企业形象战略中的广告、包装系统等进行系列化的处理，使其具有家族式的特征，鲜明的识别感。

（4）组合：将设计基本要素组合成通用较强的单元，如在VI设计基础系统中将标志、标准字或象征图形、企业造型等组合成不同的形式单元，可灵活运用于不同的应用系统，也可以规定一些禁止组合规范，以保证传播的同一性。

（5）通用：即指设计上必须具有良好的适合性。如标志不会因缩小、放大产生视觉上的偏差，线条之间的比例必须适度，要保证大到户外广告，小到名片均有良好的识别效果。

同一性原则的运用能使社会大众对特定的企业形象有一个统一完整的认识，不会因为企业形象的识别要素的不统一而产生识别上的障碍，增强了企业形象的传播。

例如，Nolitan–"North of Little Italy"，是曼哈顿的一家豪华酒店，它希望每一位客人都像是在自己家里一样，它在肯梅尔和伊丽莎白街的交界处。Marque公司为酒店设计了一系列的企业形象设计，包括标志、形象定位、VI系统、Nolitan报纸等，实现CI设计的标准化导向，运用简化，统一、系列、组合、通用等手法对企业形象进行了综合的整理（图1.26）。

图1.26　Nolitan豪华酒店的VIS设计

图1.26　Nolitan豪华酒店的VIS设计（续）

2. 差异性

企业形象为了能获得社会大众的认同，必须是个性化的、与众不同的；因此，差异性的原则十分重要。

差异性首先表现在不同行业的区分。因为，在社会大众心目中，不同行业的企业与机构均有其行业的形象特征，如化妆品企业与机械工业企业的企业形象特征应是截然不同的。在设计时必须突出行业特点，才能使其与其他行业有所区别，有利于识别认同。其次必须突出与同行业其他企业的差别，才能独具风采，脱颖而出。

在品牌定位的过程中，创牌、定性、定位、发展都必不可少。每个企业按照其发展的不同或产品特性的不同使得品牌的定位过程不同。七匹狼集团在其发展之初，创牌之际便将其品牌做了明确的、独特的定性，并在企业发展壮大的过程中，不断将其充实完善，并真正成为"强壮的狼"（图1.27）。

七匹狼休闲男装之都市森林中的狼篇
【参考视频】

图1.27　七匹狼品牌标志

企业选择品牌名称的原因是多样的，"七匹狼"的品牌发展初期是以企业形象、企业精神寓意为主。七匹狼集团前身为晋江恒隆制衣有限公司，1989年成立中外合作经营企业。2001年6月，外方股东香港益安公司将其在公司的全部股份分别转让给厦门来尔富贸易有限责任公司、晋江市建利塑料彩色印刷有限公司、厦门维一实业有限公司、晋江市恒隆建材有限公司，公司性质也由中外合作经营企业变更为内资性质的有限责任公司。同年七月，公司整体变更为福建七匹狼实业股份有限公司。"七匹狼"品牌创立于1990年，当时创业者一共七人，"七"代表"众多"，而"狼"与闽南话中的"人"

七匹狼品格男装广告
【参考视频】

是谐音。创业者在研究了国际知名品牌如：鳄鱼、花花公子后，拟想用动物作为产品品牌，最终创业者们认为狼是非常有团队精神和奋斗精神的动物，具有机灵敏捷、勇往直前的个性，而这些都是企业创业成功不可缺少的素质，最后就以"七匹狼"为企业名称，寓意一个具有团队精神、团结奋进的企业，团队精神是他们成功的关键。这种差异性的定位也通过该企业的一系列广告作品得以彰显。

3. 民族性

企业形象的塑造与传播基于不同的民族文化，美、日等国很多企业的成功都离不开有鲜明特色的民族文化。美国企业文化研究专家秋尔和肯尼迪指出："一个强大的文化几乎是美国企业持续成功的驱动力。"塑造能跻身于世界前列的中国企业形象，必须弘扬中华文化优势。中华文化，是我们取之不尽，用之不竭的源泉，有许多我们值得吸收的精华，有助于我们创造中华民族特色的企业形象。

中国银行行标于1986年经中国银行总行批准正式使用，标识由中国香港著名设计师靳埭强设计。中国银行是中国金融界的代表，要求体现中国特色。设计者采用了中国古钱与"中"字为基本形，古钱图形是圆与形的框线设计，中间方孔，上下加垂直线，成为"中"字形状，寓意天方地圆，经济为本，给人的感觉是简洁、稳重、易识别，寓意深刻，颇具中国风格。中国银行标志之所以能够给人们留下如此深刻的印象，主要还是由于一直以来中华民族对象征财富的铜钱形象根深蒂固的认识（图1.28）。

4. 有效性

有效性是指企业经策划、设计形成的CI计划能有效地推行运用，CI是解决问题学，不是企业的装扮物，因此能够操作和便于操作，其可操作性是一个十分重要的问题。企业的CI计划要能够有效地发挥树立良好企业形象的作用，首先在其策划设计阶段必须根据企业的经营情况，在推行企业形象战略时进行准确的形象定位，然后以此定位进行发展规划。在这一点上协助企业导入CI计划的机构或个人负有重要的责任，一切必须从实际出发，不能一味迎合企业领导人一些不切实际的心态。企业在准备导入CI计划时，能否选择真正具有策划设计实力的机构或个人，对CI计划的有效性也是十分关键的。

图1.28 中国银行标志

要保证CI计划的有效性，一个十分重要的因素是企业主管有良好的经营意识，对企业形象战略也有一定的了解，并能尊重专业VI设计机构或专家的意见和建议。因为没有相当的投入无法找到高水准的专业机构或专家。而后期的CI战略推广更要投入巨大的费用，如果企业领导在导入CI计划的必要性上没有十分清晰的认识，不能坚持推行，那前期的策划设计方案就会失去其有效性，变得毫无价值。

CIS由产业时代开始，进入现代化成熟的资讯时代。其实践性、战略性和未来性，都值得做深刻探讨。CI的属性是在完成企业形象的战略中，极其重要的视觉设计要素，须承接观念论的抽象理念，并落实为具体的视觉符号，以刻画企业个性（图1.29和图1.30）。

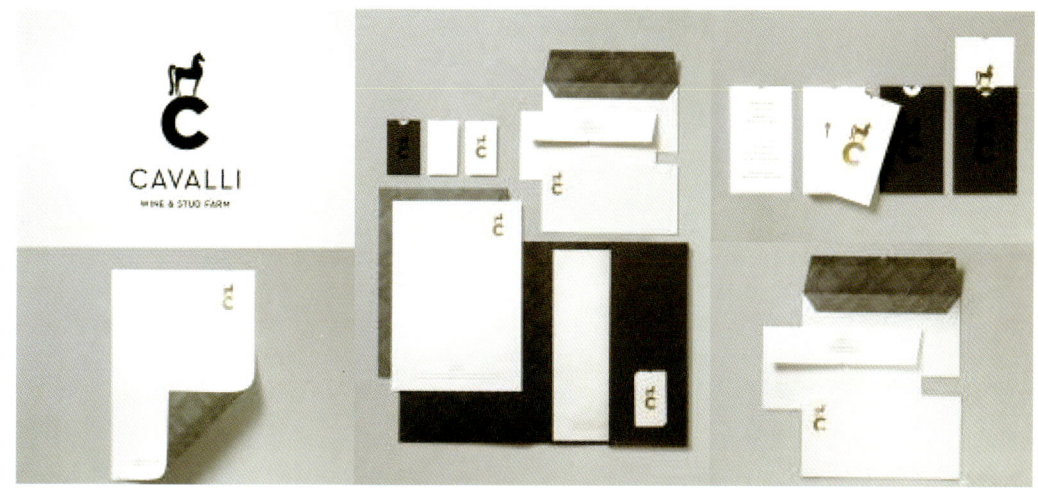

图1.29　CAVALLI 马场视觉识别系统设计

图1.30　OENO VAULTS 品牌形象视觉设计

实践与练习

单元训练和拓展——案例收集与分析

1. 作品欣赏：

往届或其他示范性作品的欣赏、分析（图1.31）。鼓励学生借鉴前人作品，小组讨论后开始课题内容的资料收集工作，并在此基础上做出分析。

图1.31 经典案例收集作业/拜晓晓/指导教师：刘成瑜

Versace范思哲企业形象分析

来自意大利的知名奢侈品牌范思哲创立于1978年，品牌标志是神话中的蛇妖美杜莎（Medusa），代表着致命的吸引力。范思哲品牌主要服务对象是皇室、贵族和明星，其中女晚装是范思哲的精髓和灵魂。它的设计风格鲜明，是独特的美感极强的先锋艺术的象征。经营范围包括女装、香水、眼镜、领带、皮件、包袋、瓷器、玻璃器皿、丝巾、羽绒制品、家具产品等。范思哲标志设计运用象征的手法，采用神话中蛇妖美杜莎的造型作为精神象征所在，汲取古希腊、埃及、印度等的瑰丽文化打造而成。美杜莎代表着致命的吸引力，它象征着范思哲不仅有着超脱歌剧式的华丽，其极强的先锋潮流艺术特征受到世人的追捧。我个人感觉，范思哲的logo在同行中很特殊，是一个比较具象的，能传达出品牌精神的。

2. 课题内容——CI发展历程中的经典案例收集

- 课题时间：2课时
- 教学方式：老师先给提示，列举大量CI发展历程中的一些经典案例，启发大家研究和讨论CI发展历程中在不同国家和地区在各个时间段的发展特征。
- 教学要求：广泛收集各国CI发展历程中的案例，将个人认为具有典型特征的案例选出三个进行分析，提出个人观点。建议最终以PPT形式完成作业，分组开展课堂演示和讨论。
- 要点提示：从各国和地区的例子中不难发现，CI战略对企业发展确实起到相当重要的作用。同时，这也是经济发展的必然结果。

- 训练目的：要求学生沿着时间和地域这两个轴向来展开相关课题的探讨，借助此次课题的开展，使每一个初学者对于CI的内涵和发展历程都有一个宏观的认识。

3. 其他联系

教师可根据教学的侧重点，鼓励小组成员进行开放式的探讨和争论，加深学生对于本章知识点的认识。

4. 理论思考

（1）简述 CI 的概念和功能。

（2）查阅课外资料，思考中国 CI 发展的时代需要。

（3）参考相关知识链接，探讨日本的 CI 模式与欧美 CI 模式的不同之处。

（4）简述企业识别系统的构成要素和特征。

（5）进行 CI 策划设计必须遵循的基本原则是什么？

5. 相关知识链接

（1）市场营销

参见：[美]阿姆斯特朗．市场营销学[M]．赵占波，译．北京：机械工业出版社，2013．

（2）品牌

参见：[美]芭芭拉·卡恩．沃顿商学院品牌课：凭借品牌影响力获得长期增长[M]．崔明香，王宇杰，译．北京：中国青年出版社，2014．

第2章　CIS设计的导入计划

本章要求与目标

通过本章学习，使学生了解导入CI的提案内容、计划流程，掌握CI市场调研的内容及方法。

本章教学框架

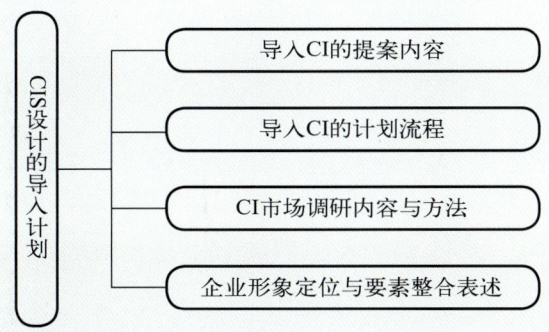

OXO Cubes（固体浓缩汤料）创意动画广告
【参考视频】

CI的导入计划是一种程序，按照理论和预定时间，循序进行作业，以达到所期待的成果。所以，如欲获得良好的效果，就必须制定理想的程序。那么，如何制定适合公司CI导入的程序呢？关于这个问题，应由企业内部的CI执行管理机构——CI委员会进行调查，制定合乎企业目的和方针的程序。一般而言，CI程序通常以CI导入计划的形式表现。

各公司的CI导入计划，会依企业特性和问题特性而有所不同，但其原则性的程序则大致相同，均可划分为"调查""企划""实施"3大步骤。调查工作必须充分了解实际情况并加以分析。许多公司在导入CI时，事前调查作业做得不够充分，无法掌握实际情况，就会做出缺乏依据的企划；这种企划内容不切合实际，根本无法获得良好效果。

企划必须以调查结果为基础，配合基本思想，根据政策方向和表现重点提出构想，同时为了便于实施，最理想的企划应是明确指出具体可行的措施的。CI的实施是根据企划内容，以新思想为基础而开发出新的识别系统，并且将此系统向公司内外发布（图2.1）。

图2.1 绿色畅想形象识别设计欣赏

一、导入CI的提案内容

导入CI的提案主要包括下列项目。
（1）提案的目的或企业必须导入CI的理由和背景。
（2）CI计划的方针。
（3）提出具体实施办法，包括导入日期、有关机构或组织、完成日期和预定完成的内容、具体的行动。
（4）提出导入计划流程图或计划表。
（5）实施CI计划所需的投资预算表。

二、导入CI的计划流程

1. CI计划的开始和确认

有关导入CI的提案被批准，企业内部与CI有关的领导和其他相关人员确认执行相关提案，企业与委托的机构签订基本合同。

2. CI委员会等的设置

设置CI委员会，选定委员会负责人和具体业务负责人。

3. 体制分析

以CI委员会为中心，分析有关CI的期待成果和现状问题。根据情况可通知相关部门来参与讨论。

4. 说明表

请企业内部的主要员工记下有关CI的问题，以及对CI的期待事项。收回说明表经过分析后再加以整理。

5. CI导入方针的确认和决定

以体制的分析结果和说明表等为基础，整理CI体制，使CI计划的推进方针明确化；确认是否必要设置执行机构来协助。

6. 实地考察

为了让委托机构了解本企业情况，可安排他们到本企业各部门实地考察。

7. 企业内部的信息传递活动

有意识培养企业员工的CI意识，进行内部启蒙教育，策划信息传递方式及传递媒介；编发"CI消息"等刊物或简报，进行企业内部的启蒙活动，并举办各级员工的说明会议。

8. 调查体系的策划

根据体制并以客观地调查企业形象的现状为目的，安排调查对象和调查方法，并确认调查方针。

9. 调查设计、调查对象和方法的决定

选定调查对象和调查方法，进行有关调查问题和问卷的设计；预估调查作业，选择适当的调查机构，确认调查活动的计划表。

10. 选定调查机构

与选定的调查机构签订合同，制订调查计划，确认调查顺序、明确调查内容。

11. 调查准备

根据调查计划进行准备，如取样、印制问卷、分配调查工作等；事先约定访问对象。

12. 实际调查

进行企业内外部环境的调查，整理收回的调查问卷，安排统计分析。

13. 视觉审查

分析旧的识别系统及识别要素，进行设计的视觉审查。

14. 访问负责人

直接访问负责人，了解其意向、询问其经营理念；以便了解企业未来的发展方向以及探索有关视觉问题等。

15. 分析调查结果

分析调查问卷，根据调查结果找出企业目前形象活动中的问题，探索未来的正确方向。

16. 制作总概念报告书

根据调查的综合整理结果，构筑CI概念的方案；对企业理念、企业未来的形象及识别问题等都经过充分研究并做出结论。

17. 总概念的发表

对企业领导层说明总概念；审议总概念提案内容，决定施行方针和内容。

18. 企业理念体系的构筑

根据总概念的施行方针和内容，研究新企业理念体系的表现问题；由企业主要负责人决定新企业理念的表现内容，加以讨论后通过；完成CI计划，接收新管理系统的业务。

19. 企业识别系统的再构筑

根据总概念和新企业理念决定企业名称、识别，以及有关标志和个别标志的问题。企业识别系统的再构筑作业完成后，争取企业内外的认同。

20. 变更企业名称、称呼

决定变更企业名称后，先选出几种新名称，经过讨论后再决定新的企业名称。办理必要的法律手续。

21. 制订CI设计开发计划书

根据总概念和变更企业名称的结论，整理出设计开发条件。如果需依靠外界设计时，应先制订设计开发要点计划。

22. 设计人员的挑选和签定合同

   挑选负责CI设计开发的设计家或设计公司，按照设计开发要点的规定签定合同。

23. 设计人员确定方针

   选定设计人员后，应提示调查结果的开发条件标准，并说明各种有关设计开发的问题。

24. 介绍设计基本形态

   设计家完成以基本要素为中心的设计基本形态后，呈送给CI委员会和企业领导层审议。

25. 设计测试

   向指定受测对象进行新设计基本形态的反应测试、视认性测试。

26. 法律上的核定

   核定商标、标志等设计方案。办理商标注册等必要的法律措施。

27. 决定设计基本形态及精致化

   从几个基本形态设计方案中，经讨论选定企业的设计基本形态。对选定的设计方案进行造型精致化作业。

28. 制定企业标语

   企业标语，作为基本设计要素的一部分，也可对企业内部公开征集标语。企业标语决定后应列入设计系统中。

29. 基本设计要素及系统的提案

   以设计基本形态为中心开发基本设计要素及说明设计系统的提案。以基本设计要素的组合为中心，经讨论决定设计原则。

30. 基本设计手册

   编辑、印制基本设计手册，制作完成复制用的清样。

31. 对外发表计划

   计划设计开发后的对外发表，关于方针、时机、方法、费用等问题作好发表的计划。

32. 企业内部的信息传达计划

   计划有效的诉求方式，把CI的成果有效地传达给全体员工。信息传达的方针、时机、方法、顺序、资料、费用等都要有周详的计划。

33. 应用的适用计划

    详细计划开发的新设计在具体项目里展开适用，适用计划的方针、时机、方法、费用等安排妥当，整理新设计对各项目的应用条件。

34. 应用设计开发

   基本设计应用于具体项目，检查应用效果。

35. 编制应用设计手册编辑、印制应用设计手册

36. 新设计的适用展开
按照新设计的项目，配合应用适用计划而进行实际制作。

37. 策划制作企业内部的用具
制作企业内部信息传递的用具和概念手册。

38. 对内发布
对内发布CI成果，进行员工教育。

39. 对外发布
对外发布CI成果以及企业思想和企业识别的变化等。报道CI消息，利用广告媒体进行公开发表活动，通知各交易对象。

40. CI相关计划的推进
考虑CI的应用问题以及在企业内有效的推行方法。

41. CI管理系统的施行
实行CI设计的管理维护作业系统。决定CI相关计划的结束和继续管理的问题，建立新企业情报的开发管理系统，确实施行CI设计的管理维持作业系统。

三、CI市场调研内容与方法

（一）市场调查内容与对象

CI市场调研内容包括企业的组织结构、市场情况、消费者的需求、竞争对象和合作对象等方面，在经营上可以分经营哲学、事业范围、经营环境等方面。同时可以对现有标志形象的调查，现有应用系统的分析，现有传达体制的调查和策划性设计系统的研究等方面。总的来说可以分为企业内部情况调查和企业外部环境调查两大部分。

1. 企业内部情况调查
企业内部情况调查，可以围绕CI的三大系统展开。

（1）CI的理念部分：从其经营方针、企业文化、发展战略和职工的认同感、责任感以及凝聚力等方面去评估这个企业是否具有活力。在这个过程中寻找到能够承担企业良性运行的新理念。

（2）CI的视觉部分：从企业标志、标准字体、标准色、吉祥物等视觉要素的分析开始，了解其视觉识别系统的传播渠道、广度与力度，进而了解企业的知名度、美誉度、信誉度等。

（3）CI的活动部分：主要对企业内部情况的了解，如管理水平、观念和作风、人员素质、行为规范等。

2. 企业外部环境调查
企业外部环境调查涉及企业的视觉识别和行为识别两大部分的内容，具有一定的广泛性和社会性。了解社会公众对企业形象的看法并对存在的问题进行解决，是导入CI的主要任务。这种调查通常采取三种形式：抽样调查、访谈和对大众传媒报道的分析。

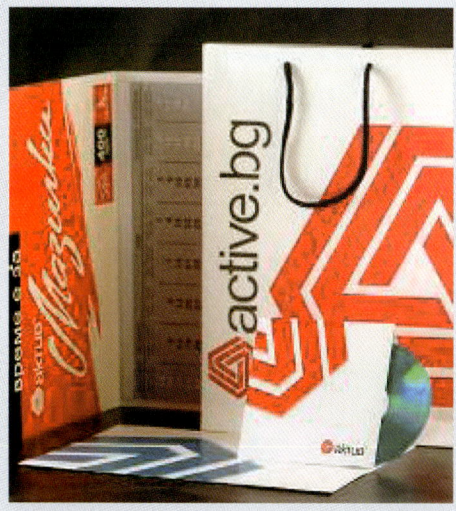
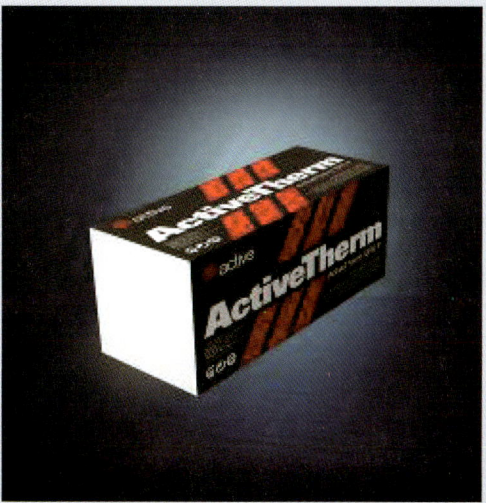
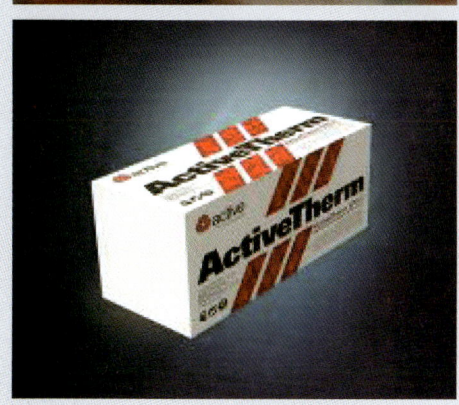

图2.2　活跃公司系列品牌设计欣赏

3. 调查对象

调查对象主要包括以下几类。

(1) 消费者，在实行市场经济前，由于种种原因，企业对消费者的重视是不够的，现在市场经济的最主要对象就是消费者，在对消费者进行调查时，刚开始可能有些困难，需要有一个适应的过程。

(2) 企业员工，主要是基层员工，在调查中要让员工真正能为企业出主意说真话，这也是需要采取适当措施的，如奖励制和不记名的调查等。

(3) 企业的领导，领导层是否能看清企业的现状是很重要的。

(二) CI 市场调研步骤与计划制定

CI市场调研与计划制定的步骤如下所述。

(1) 建立调查计划，提出调查的假设、关键语、核心概念、主要指标等，确定使用的调查方法（定量或定性）。

（2）设定问卷。以定性或定量的方式，设计开放或封闭式问卷，问卷中问题要有针对性。

（3）设计访谈大纲。便于阅读和访问时提问记录。

（4）调查实施。设计样本的选取、分发、回收，确定调查员及调查所需的其他措施。

（5）结果处理与分析。

（6）完成调查报告。

（7）提出"总概念"，制定 CI 战略。

（三）调查方法与原则

1. 访谈

通过与调查对象交流，了解经营者和公众对企业形象的看法，整理调查资料。其中，对经营者的访谈尤其重要，包括对企业和经营者本人的经营理念、发展方向、战略目标、应对策略的了解至为重要。

2. 观察

有经验的CI专家到一家企业，只需一两天的时间在企业内部巡查，既能对这个企业的形象问题做出较为准确的判断。

3. 问卷

CI调查中的客观答案的主要来源，以可控的测试形式对研究问题进行度量分析。

4. 文献分析

对企业发展规划、年度工作总结报告等文献资料进行分析。

（四）CI 调查的原则

CI 调查的原则如下所述。

（1）要有针对性，避免盲目计划。

（2）方法得当，由表及里，由浅入深，由小到大。

（3）对 CI 方案进行系统的审视和评估，以便有针对性地找到 CI 导入的切入点。

（4）确立合理的调查指标，建立良好的调查体系。

在调查的项目方面，要尽可能地做到一目了然。在内容方面，当然也是越具体越好。有时由于调查对象年龄的不同，既是相同的内容也会产生出完全不同的结果，因此在选择调查对象时一定要正确，在调查表上要注明调查所用的时间、日期、调查对象的性别、年龄、社会层次、调查的地区及被调查对象的形态等。

（五）形成调查报告书

系统的调查分析之后，有关调查成果应该形成文字材料，这就是调查报告书。一般来说，调查报告书的结构由标题、导语、正文、结束语四部分组成。

1. 标题

企业CI专案调查报告书的标题，一般要求标明调查对象、内容范围或报告的主旨。

标题必须具体、明确、简洁、醒目。切不可文不对题,华而不实。

2. 导语

导语亦称引言、前言或内容提要。它由以下两部分构成。

(1) 简述调查活动的一般情况,包括调查动机、目的、事件、地点、调查单位、内容范围、调查方法与步骤。

(2) 概述本报告书的主要内容,核心地点,包括现状总结、主要问题、结论等。

导语应该从具体的调查成果中提炼。文字要言简意赅、内容要富于概括力,条理清晰。

3. 正文

正文是调查报告书的主体。着重反映调查分析的成果,包括典型的事例、准确的数据、合理的分析、明确的判断。正文可分两部分:一是企业营运状况调查成果的综述;二是形象识别系统调查成果的综述。营运状况调查是把握企业形象实态的前提。调查报告书对这部分内容的介绍应该注意总体的概括性,用数据说话,用事实说话,但不宜太烦琐,以总结为主。企业形象识别系统调查内容包括企业认知态度、品牌认知度、基本形象、辅助形象、特殊形象、设计因素等。这部分的内容陈述要相对较为详尽些。

总之,正文部分的报告内容应该根据事实描述、统计分析、揭示问题、提出建议四个层次展开。

4. 结束语

结束语是上述调查报告陈述内容的一种结论。总结全文,深化主题,提出问题,引发思考。调查报告的结束语最好采取开放形势,提出富有启发性的问题。

四、企业形象定位与要素整合表述

(一)企业形象定位

企业形象定位,是要根据客源市场的竞争情况以及企业的优势条件,确定企业产品与服务在目标市场上的竞争地位。换言之,针对目标市场的消费者,企业的产品与服务一定要有自己的特色,特征鲜明,便于消费者与社会公众识别。企业形象定位一般要考虑以下问题:

(1) 企业提供的产品与服务具有何种特点与优势?
(2) 企业目标市场上的潜在消费者需要什么样的产品与服务?
(3) 企业目标市场上的新消费群体组成情况怎样?
(4) 企业目标市场上的竞争者给消费者提供什么样的产品与服务?

(二)建立企业理念识别系统

当对企业内外经营环境的诊断与调查结束并取得全部有用的资料后,在企业形象定位准确的基础上,可以开始策划企业理念识别系统。在策划企业理念时,应持非常慎重、认真、科学的态度,因为企业理念不仅要反映出企业的行业特点、个性特征,而且还要能被社会公众所认同和内化。企业理念是企业形象系统策划的灵魂，它决定着企业形象系统策划的成败。企业理念识别系统策划方案制订后，要经由企业形象系统委员会评审通过才可以实施。

（三）建立企业行为识别系统

企业行为识别系统策划是企业形象系统的主要内容，要求其能充分反映企业经营理念，把理念具体化，并具有可操作性。在进行企业行为识别策划时，除了企业内部的管理专家参加之外，还需要外部企业经营管理专家与企业形象策划专家的参与。另外，企业行为识别系统策划不仅要破除旧有的、不符合企业生产力发展的行为模式与规程，而且要增加新的、适合并促进企业生产力发展的行为模式与规程。目前一些广告公司或形象策划公司在给企业进行形象识别策划时，只做表面的视觉识别策划，而往往把行为识别与理念识别策划给省略掉了，这是对企业形象塑造极不负责任的做法。

企业行为识别系统策划方案制订后，要递交企业形象系统委员会评审；在充分征询企业全体员工的意见与建议的基础上，经反复修订后才可通过。因此，企业行为识别系统策划的最高境界是策划的科学化、规范化、程式化以及可操作化。

（四）建立企业视觉识别系统

企业视觉识别系统的策划，必须以企业理念识别与行为识别为依据。可以说，视觉识别是这两者的静态外化。企业导入企业形象系统，仅仅开展视觉识别的再策划是远远不够的，甚至是片面和有害的。当然，企业导入企业形象系统，可以从视觉识别策划入手，再过渡到包括企业理念识别、行为识别、综合感觉识别、信息传播识别等在内的企业整体形象识别策划。

企业视觉识别系统策划方案完成后，也要递交到企业形象系统委员会进行审查讨论，在听取企业决策层的意见后，经修订最终予以通过。

（五）建立企业综合感觉识别系统

继企业视觉识别系统策划之后，要对企业综合感觉识别系统进行策划。综合感觉识别系统策划的内容主要包括企业信誉形象、道德形象、管理者形象、员工形象、经营环境形象等。综合感觉识别系统策划方案完成后，照例也要递交企业形象系统委员会审查通过。

（六）建立企业信息传播识别系统

企业信息传播识别是企业策划主体工程的最后一个项目。信息传播识别在企业形象系统中起着把企业的理念信息、行为信息、视觉信息、综合感觉信息等源源不断地向企业内外进行辐射的作用。在进行企业信息传播策划时，要讲究信息传播的经济性、系统性、真实性、科学性和艺术性。策划方案完成后，要递交企业形象系统委员会审查通过。

（七）编制企业形象系统手册（CIS手册）

当企业形象系统主体工程策划完成后，接下来就要把在前面各个阶段所策划的内容编纂成册，作为今后实施企业形象系统的资料和依据。所以，CIS手册其实就是一本完整、详细的企业形象系统实施指南。

CIS手册包括以下五部分内容。

（1）企业理念识别系统。

此部分收录企业理念识别系统所策划的成果，具体有企业宗旨、企业精神、价值观念、方针政策、战略目标等项内容。

（2）企业行为识别系统。

此部分收录企业各个部门、各种岗位上的全部行为规范和行为模式。这部分是企业开始沿着新轨道安全、有序、高效运行的全部制度和规程，必须保证企业全体员工人手一份，并把这部分作为员工辅导、基本要素的组合系统以及应用要素等。

（3）企业视觉识别系统。

此部分收录企业标识系统的全部内容，包括基本要素、附属基本要素、基本要素的组合系统以及应用要素等。

（4）企业综合感觉识别系统。

此部分收录策划人员在企业信誉形象、道德形象、管理者形象、员工形象、经营环境形象等项目上的策划成果。

（5）企业信息传播识别系统。

此部分收录企业在信息传播项目上的策划成果，主要为真实、系统的适用媒介，艺术、科学的渠道，灵敏、快捷的反馈等内容。

企业CIS手册制订后，照例要求提交到企业形象系统委员会审查通过。

（八）写作企业形象系统宣言（CIS宣言）

企业形象系统宣言代表了一家企业在一个新的历史发展阶段时的一次宣誓，是企业向社会公众，特别是目标市场消费者所做出的一次永久性的承诺。这一承诺将在今后的经营管理过程中，作为一面镜子，检验企业的行为和形象。

企业形象系统宣言一般包括四个方面的内容：

（1）回顾企业所走过的历程。

（2）准确诠释企业经营理念。

（3）概括描述企业品牌的功能优势以及精神意义。

（4）详细说明企业标志含义。

企业形象系统宣言创作完成后，也需提交企业形象系统委员会审查通过。

（九）企业形象系统评估检查

企业导入、实施企业形象系统以后，为了了解企业形象系统是否达到预期目标，必须对实施中的企业形象系统进行客观的评估，以便找出不足和问题，为企业形象系统下一步的深入实施创造有利条件。

企业形象系统实施效果评估工作，分为三个阶段进行：

（1）企业形象现状评价；

（2）企业形象现状调查与分析；

（3）企业形象现状修正与完善。

企业形象系统实施效果评估工作，必须在企业形象系统委员会的直接指导和监督下进行。

图2.3　Prime品牌识别

图2.4 美国Soulseven工作室品牌设计

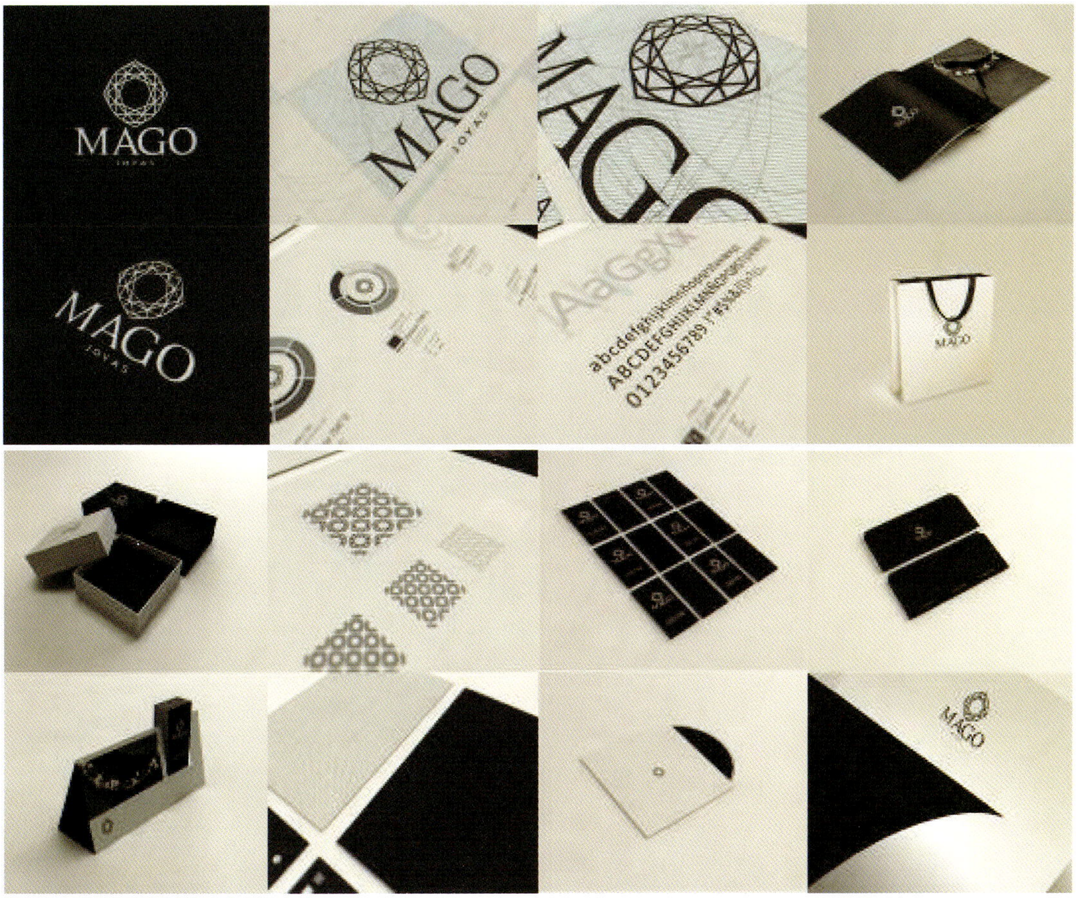

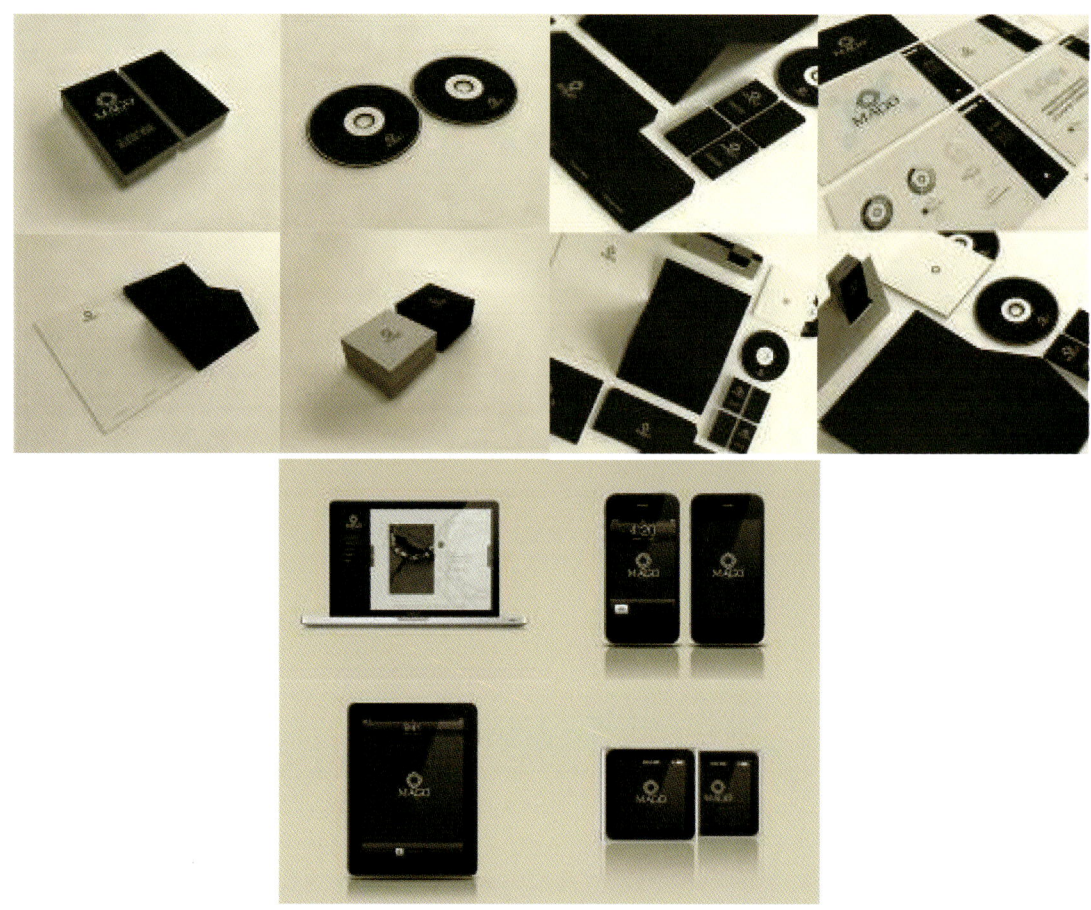

图2.5 MAGO品牌形象设计

实践与练习

1. 单元训练和拓展——拟定项目，完成导入计划
2. 课题内容——拟定项目，开展市场调查，完成导入计划（参看CIS设计的完整导入计划简表）

- 课题时间：4课时（课上时间为4课时，还需大量课下时间来进行市场调研）
- 教学方式：老师先列举相关的案例进行分析，启发大家研究和讨论企业形象调查的方法和调查问卷的要点，并指导学生完成拟定CIS设计项目和制订导入计划。
- 教学要求：在任课教师的指导下，分组进行（2~4人为一组），结合知识点与之前的练习，拟定一个项目进行市场调研，并在此基础上制定本项目的CIS设计完整导入计划。
- 要点提示：在了解了CIS的提案内容和设计流程的基础上，结合小组讨论和课下调研，完成本次课题。
- 训练目的：借助此次课题的开展，让学生详细了解CIS的提案内容和设计流程，在分组进行调查工作和制定计划的过程中提高学生的沟通能力和协作能力，同时，为后面的作业打下坚实的基础。

3. 其他联系

教师可根据教学的侧重点，鼓励小组成员进行开放式的探讨和争论，加深学生对于本章知识点的认识，同时可以结合真实的社会命题或者相关比赛中的命题项目来开展项目拟定工作。

4. 理论思考

（1）导入CI的提案内容和设计流程。

（2）CI市场调研内容与方法。

5. 相关知识链接

（1）市场调查

参见：庄贵军. 市场调查与预测[M]. 北京：北京大学出版社，2014.

（2）调查问卷

参见：[美]福勒. 调查问卷的设计与评估[M]. 蒋逸民，译. 重庆：重庆大学出版社，2010.

附件：

CIS设计的完整导入计划简表

一、咨询与策划	1.导入CI的动机与目的 成立CI委员会　●CI导入计划的发起（介议书、建议书等） 　　　　　　　●成员结构 　　　　　　　●合同书 CI作业项目与日程安排 预算（原则、项目类别、预算书） 提案书	
	2.成立调研小组　　　●组织专案人员 　　　　　　　　　●制订调研工作计划 确立具体调研体系　●基本原则 　　　　　　　　　●调研对象 　　　　　　　　　●调研方法 　　　　　　　　　●调研内容及项目细则 （企业运营现状、形象识别现状、统计分析、总调研报告书）	
	3.企业形象设计开发策划 A.总概念的确立　●调研问题的核实 　　　　　　　　●新理念设定与表现 　　　　　　　　●导入CI的基本策略 　　　　　　　　●视觉识别开发设计要领 　　　　　　　　●传播计划 　　　　　　　　●总概念报告书 B.企业理念识别的设定与表现　●企业理念的历史演变 　　　　　　　　　　　　　　●理念识别的基本要素 　　　　　　　　　　　　　　●理念识别的功能 　　　　　　　　　　　　　　●企业理念的定位 　　　　　　　　　　　　　　●企业理念的实施 C.企业行为识别的规范与管理　●对内的行为识别 　　　　　　　　　　　　　　　组织传播 　　　　　　　　　　　　　　　规范管理之前识别内容 　　　　　　　　　　　　　　●对外的行为识别 　　　　　　　　　　　　　　●特点、内容、媒体策略、产品开发、公关企划、组织机构、服务决策	

续表

二、设计与实施	1.企业视觉设计的开发与传播	
	①企业视觉的基本概念	● 企业视觉设计的前提 ● 企业视觉识别设计的结构模式选择 ● 传播媒体的类别与策略
	②基本视觉要素设计	● 企业标志设计 　原则与要求 　主题选择 　设计流程与方法 ● 企业标准字设计 　特征与种类 　命名 　设计方法与展开 ● 标准色计划 　开发程序 　计划设定 　结构与管理 ● 辅助要素设计 　企业造型 　象征图案
	③应用要素设计与展开	● 常用项目设计 　办公用品 　员工制服 　交通工具 ● 建筑及标识物设计 　建筑及环境 　招牌、旗帜等标识、指示类 ● 商品包装 ● 商品展示与陈列 ● 企业广告
	2.编制CI手册 3.实施与管理 ①成立CI执行委员会、成员、职责 ②制订作业计划及进度表 ③组织传播 4.评估检查	

第3章　CIS的核心构成部分——MI

本章要求与目标

通过本章学习，使学生掌握企业理念识别系统（MI）的内涵及表现形式，了解企业理念识别的功能，明确企业文化与企业形象的对应关系以及企业形象的发展趋势，对"以形象力提升企业竞争力"有更深入认识。

本章教学框架

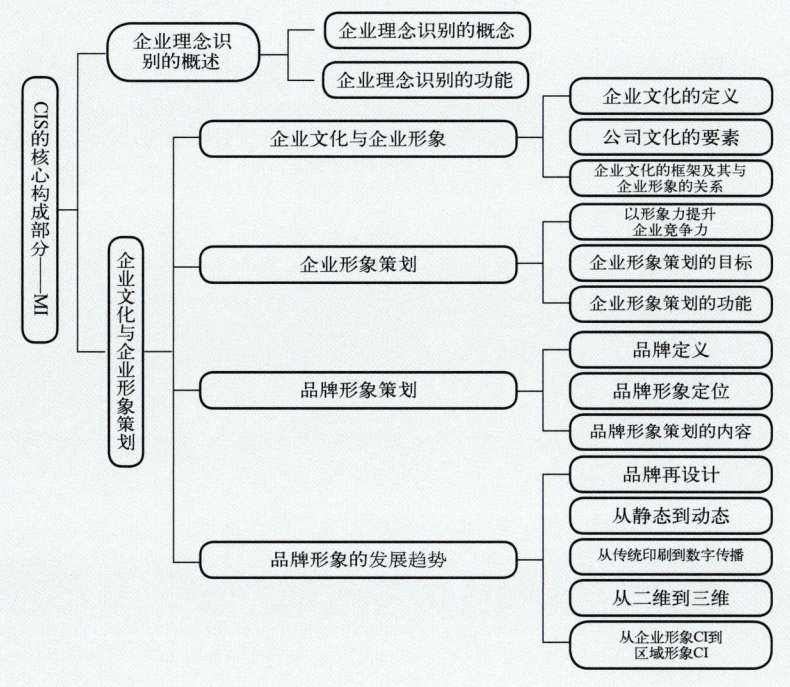

高尔夫创意广告：
喜欢不需要理由
【参考视频】

在了解企业CI设计系统的整体导入计划和设计流程，并完成上一章的作业后，同学们已经做好了进一步对所选命题各个构成要素部分进行深入设计研究的准备，接下来，就让我们对CIS的核心构成部分——MI展开探究吧！

企业形象是企业文化的外显形态，是企业哲学、价值观、精神、道德等文化内容的外在表现，是现代社会企业文化表层结构的重要组成部分。在本章中我们要详细探讨企业形象与企业文化的对应关系，明确企业形象策划的目的、功能与趋势。

第一节 企业理念识别的概述

一、企业理念识别的概念

理念就是企业经营管理的观念。理念识别是CI的核心，MI不仅是企业经营的宗旨与方针，还是鲜明的文化价值观。对外它是企业识别的尺度，对内则表现为企业内在的凝聚力。在系统的CI工程中，无论在理论结构上还是操作程序上，它都是一个起点。所谓MI就是为得到社会普遍认同、体现企业个性特征、促使并保持企业正常运作及长足发展而构建的反映整个企业明确经营意识的价值体系。

CI中的灵魂是企业理念，是企业的"心"。如果以人来做比拟，企业理念是最高决策层，是CI战略的策略面，可以比作是企业的"心"；行为识别是CI的动态识别形式，是CI战略的执行面，可以比作是企业的"手"；视觉识别是CI的静态识别符号系统，是CI战略的展开面，可以比作是企业的"脸"。

要正确把握MI，应明确三点：

①MI是企业的灵魂与宗旨，是企业赖以生存的原动力。

②MI是当代企业信息传播识别性的内核，MI不仅是要求企业内部员工明确并掌握的行为准则，而且也是通过传媒向社会公众宣传，并希望得到社会公众认同的识别内容。

③MI应该是一个永远开放的体系，融入文化，适应文化。

实际上，企业的识别系统的三个构成因素间的关系相当于一个人的心、手、脸三者之间协调一致的关系。因此，企业理念就是CI开发实施的一个关键，能否开发成功一个完善的企业识别系统，主要依赖企业对理念识别的理解和建立。因为企业经营理念的完善与坚定，是整个企业识别系统的基本精神所在，也是整个系统识别运作的原动力。经由这种内在的动力，影响企业内部的动态、活动与制度、组织的管理与教育等，再由组织化、系统化、统一化的视觉识别的传播，才能达到塑造企业形象的目的。一般来说，企业理念的确立包括经营宗旨、经营方针、企业精神、企业价值观、形象口号等诸多要素。

1. 经营宗旨

企业经营宗旨是企业经营的最高目的，是理念识别策划的首要内容。任何一个企业都有自己的经营目的，所不同的只是不同企业往往具有不同的经营目的而已。企业经营目的大体分为以下三个层次。

1）第一层次是经济目的

企业全部的活动都以盈利为目的，任何一种经济行为，其最终目的都是为了实现利润。

2）第二层次是经济、社会目的

企业全部的活动除了追求经济效益外，还要实现社会效益，绝不能因为经济效益的追求而忽视了企业的社会效益。

3）第三层次是经济、社会、文化目的

企业不仅追求利润和社会效益，而且更注重文化建设，并把建立独特的企业文化、管理文化作为企业的第一任务。因为企业深知，文化建设一旦相对完成，就可以成为社会财富，为社会所广泛采用。从这个意义上讲，文化建设的意义甚至远远大于企业向社会所奉献的产品。

企业经营目的的这三个层次，不能绝对化的理解。一方面，任何一个企业都不可能仅仅表现为一种经济行为、从而只产生经济效益，它同时也必然是一种复杂的社会行为和文化行为，并产生复杂的社会效应和文化功能。因此，不管企业是否明确地意识到这一点，它的行为活动已经被社会赋予了社会使命和文化使命。从这个意义上说，追求社会、文化目的与实现经济目的一样，都应当是企业经营宗旨的基本内涵。另一方面，良好的社会、文化环境是企业经济目的得以顺利实现的必要条件，重视社会效益和文化建设，既是时代发展的客观需要，也是企业经营的内在需要。随着时代的发展，社会文化也在变迁，对企业的价值评判标准也随之变化。那种只注重经济效益，忽视或损害整体社会利益并产生消极文化效应的企业，将最终失去社会公众的认同和支持，从而陷入生存的困境。

因此，企业经营宗旨的确定，就是要将企业从单纯经济目的的原发层面，提升到社会目的和文化目的的战略层面，从而最大限度地增强企业理念的认同感和识别力。企业经营宗旨的设定，一般应体现如下四个特点。这些特点有着内在的逻辑联系，在进行企业经营宗旨策划时，应通盘考虑，才能收到较好的效果。

1）高品位

一方面，企业经营宗旨的设定，要能体现时代感、美感、社会责任感和道德感，具有较高的思想品位。另一方面，在企业经营宗旨的表达上，语言要高雅，并富有感染力，体现较高的文化品位。总之，企业经营宗旨立意要高远，表达要高雅。

2）务实性

企业经营宗旨的高品位，并不是脱离现实的"大而空"。企业经营宗旨应该是实实在在的，具有可行性和可操作性。如果是一些不切实际、貌似高大、实则空洞的标语口号式的东西，就会失去操作意义，自然也就失去了现实的指导意义，更谈不上对企业经营的统领作用了。因此，务实性是高品位的基础，没有务实性，高品位只能是空中楼阁。如香港瑞兴百货的经营宗旨只有八个字："百货百种，牵动百行"，不但点名了行业存在的价值，而且非常具体地表明了百货对各类生产行业的牵动力，零售兴，则百业兴。

3）统领性

企业经营宗旨是企业的最高目的和行动的最高纲领，而不是企业经营的具体目标。因此，企业经营宗旨应具有统领企业全局的战略性作用，表述的概括性层次较高。如以生产相机著称的日本美能达公司的经营宗旨是："透过以光为原点的视觉器材，来提高通讯品质，使人人都能享受，并实现创造的梦想。"这个企业宗旨从具体的行业特征提升到了对社会、对公众的意义，统领性就很强。

　　4）识别性

　　企业经营宗旨应具有可识别性，因为它是理念识别的重要组成部分。这种识别性来自于企业经营宗旨的个性。因此，企业经营宗旨应突出企业某方面的个性特征，以此与其他企业相区别，提高识别性。如果都是千篇一律的"质量第一、服务第一、顾客第一、信誉第一"等，势必失去了企业的个性，也就失去了可识别性，无法获得公众的认同。要使企业经营宗旨具有个性，既可在立意上突出个性，也可在语言表达上突出个性，这样，即便立意类似，但其语言表达的鲜明个性也同样可以增强识别性。日本菱备公司是专营精密铸造的企业，他们的企业宗旨是"把信赖用形状表现出来"，由于识别性强，使公众产生了深刻的印象。

2. 经营方针

　　企业经营方针是企业经营宗旨的明细化和具体化，也是企业一切经营活动都必须遵守的最高准则和战略方针。企业经营方针的制定，一般应把握如下几点。

　　1）行业特点

　　不同行业的企业，不仅给社会提供的最终产品各不相同，且其价值取向及行为方式也有差别，因而其经营方针也各具特色。这主要表现在不同行业的公司经营方针的侧重点往往各不相同。日本野村综合研究所对"公司方针的分析"报告证实，不同的行业，公司方针的侧重点不同。在制造业厂商中，侧重于"个人向上的资质"；在一般服务业方面，侧重于"对顾客的服务"；在广播电台、电视台、报业、金融业、保险业等调查中，占第一位的企业方针是"对社会的服务"；在股票上市的企业，占第一位的企业方针是"对顾客服务"和"对社会的服务"；股票未上市的企业却是侧重"个人向上的资质""员工和谐""技术开发"等方针。

　　2）企业个性

　　不仅不同行业的企业经营方针有别，即使同一行业的企业，因其经营宗旨的不同，作为其具体化形式的经营方针，自然也就不同。例如，同样是宾馆服务业，上海华亭宾馆的经营方针是"一切为顾客服务，努力提高住房率"，而北京饭店贵宾楼则以"中国人自己设计、自己施工、自己管理"为经营方针。那种不考虑企业自身特点，人云亦云的经营方针，无法反映企业的个性，不具有识别性，也就失去了实际意义。

　　3）公众期待

　　企业经营方针的制定，不是策划人员一厢情愿的闭门造车，而是在对社会公众及消费者对本企业共同期待的研究和把握的基础上展开的。只有这样，企业经营方针才能体现、强化并满足公众的期待，并最大限度地为社会公众所认同。例如，美国所罗门兄弟公司是世界上最大的银行和证券公司之一，公司的经营方针非常明确："为客户创造价值。"虽然企业都无法回避赢利这个目标，但正是为了赢利，你才必须先把顾客的利益放在第一位，正如美国著名管理学家彼得·杜拉克所说："企业目的唯一有效的定义乃是创造顾客"。

　　4）语言风格

　　企业经营方针不仅定位要准确，而且表达要精当，并应力求简洁明快。语言精当，主要是指企业经营方针在语言表达上，要能准确反

在指尖、在身边
360手机游戏贺
岁温情广告
【参考视频】

映其思想内涵，并与企业经营宗旨一脉相承。简明扼要，指语言表达应力求简练，便于记忆，利于传播。例如，麦当劳的经营方针提炼为：品质上乘，服务周到，幽雅清洁，物有所值。上海华联商厦把经营目标概括为"三标三效"：即：标新、标杆、标准化；效率、效能、效益。

3. 企业精神

俗话说：塑人在于塑其神韵。塑造良好的企业形象，最根本的就在于培育企业精神。企业精神是企业管理的灵魂，是企业优良传统的结晶，它是决定企业成败的重要因素和维系企业生存、发展的精神支柱。有自己特点的企业精神，是凝聚全体员工的黏合剂，是塑造良好企业形象的恒定持久的动力源。

企业精神是现代意识与企业个性相结合的一种群体意识，指企业员工所具有的共同内心态度、思想境界和理想追求。它是企业广大职工在长期的生产经营活动中自觉形成，并经过有意识的概括、总结、提炼而得到确立的思想成果和精神力量。因此，企业精神是一种体现现代意识的群体意识。所谓"现代意识"，是现代市场意识、质量意识、竞争意识、信息意识、效益意识、文明意识和道德意识等汇聚而成的一种综合意识。

企业精神包括以下几方面的内容。

（1）坚定的企业追求，包括对促进经济繁荣和社会发展等多方面的追求。

（2）鲜明的社会责任。

（3）强烈的团队意识，要求员工对本企业的特征、地位、形象和风气的理解和认同，形成共同的利益。

（4）共同信念、作风和行为准则，公平公正的激励竞争原则。

（5）明确的价值观和方法论。

（6）员工对本企业的未来抱有的理想和希望。

优秀的企业精神应该是积极向上、催人奋进的，同时，也必须是符合职工、企业、社会的统一利益的。

4. 企业价值观

所谓价值观，是指一种观念，这种观念制约着人类在生存实践中的一切选择、一切愿望、一切行为，构成人们的生活方式和目标。而企业价值观是指企业及其员工对其行为的意义的认识体系，它决定着企业及其员工的行为取向和判断标准。对那些拥有共同价值观的成功企业而言，价值观决定了企业的基本特性，也就是企业与众不同的风范。价值观不但使企业员工产生一种认同感，而且成为他们心中追求的人生目标。

企业价值观不仅影响经营行为的方向，也影响经营行为的后果。因为企业价值观不是孤立的存在物，它隐含于企业的生产经营活动之中。产品的商标、设计、质量铭刻着它的深刻印迹，企业的建筑物体现着它的风格，企业的战略导向、战略目标、经营策略，企业内部人际交往及企业对外传播活动，无不是企业价值观的外化和表现。

5. 形象口号

为企业设计一个形象口号是广告创意人常常会接到的任务。通过上面的讨论，我们知道，企业的理念其实是许多元素的系统组

麦当劳企业VI
设计标准手册
【图片案例】

合，因此，形象口号不可以游离于系统之外，而应当与整个企业理念系统协调一致、完美结合。将经营宗旨、经营方针、企业精神、企业价值观等汇集一体，融会贯通，运用最简练的语言以"口号"的形式表达出来，这就是形象口号的提炼。

二、企业理念识别的功能

企业理念识别的功能主要体现在导向功能、渗透功能、凝聚功能、激励功能、辐射功能和识别功能六个方面。

1. 导向功能

MI是包括企业使命、经营哲学、行为基准、活动领域等内容的一整套理论体系。故其必将对企业经营管理活动起导向和指导作用，具体表现在三个方面。

（1）MI规定了企业行为的价值取向。

（2）MI可以给企业确立企业宗旨、经营目标。

（3）MI作为指导思想是企业各项规章制度建立的依据和理论基础。

2. 渗透功能

CI是一种意识、一种文化、一种战略，具有很强的渗透力和影响力，而这两种力量主要是指MI在组织内外的传播程度和达成共识的程度。

3. 凝聚功能

MI包含着企业使命、宗旨、精神、价值观等内涵，是对员工进行教育的重要内容，通过各种活动教育、感染、影响，使员工树立主人翁思想，使其在情感上与企业结下牢固的关系。

4. 激励功能

未来企业的成功需要看能否聚集创意、员工和管理人员是否一起从事积极性、创造性的思考而定。

5. 辐射功能

成功的企业理念具有鲜明的时代性和社会性，它不但对本企业有影响力，而且会通过各种传媒渗透和影响其他企业乃至整个社会。

例如：IBM的"尊重个人，顾客至上，追求卓越"的MI，就辐射到全球并被受众所认同。

6. 识别功能

MI的同一性、统一性特点使得企业内外、上下都保持着经营上、姿态上、形象上的一致和协调。

第二节　企业文化与企业形象策划

一、企业文化与企业形象

（一）企业文化的定义

据初步统计，关于企业文化的定义达100多种，众说纷纭，但归纳起来有以下几种。

（1）"范围说"：企业文化有广义与狭义之分，广义企业文化是指一个企业所创造的独具特色的物质财富与精神财富的总和；狭义指企业所创造的独具特色的精神财富、思想、道德、价值观念、人际关系、传统习俗、精神风貌以及与此相适应的组织和活动，等等。

（2）"总和说"：认为企业文化是企业管理中硬件和软件的结合，硬件是指企业的外显文化，软件是指企业的隐形文化。

（3）"同心圆说"：企业文化包含三个同心圆，外层圆是物质文化，中层圆是制度文化，内层圆是精神文化。

（4）"精神现象"：企业文化是指一个企业以物质为载体的各种精神现象。

基于以上观点，可将企业文化归纳为：公司文化是指公司在发展过程中形成的具有本公司特色的思想意识、价值观和行为习惯，其核心是公司的价值观。从广义来说，公司文化是有公司特色的物质财富和精神财富的总和。

（二）公司文化的要素

阿伦·肯尼迪和特伦斯·迪尔合著的《西方企业文化》，是企业文化方面的最具有代表性的著作之一，书中指出，企业文化包括企业环境、价值观、英雄人物、礼仪和庆典、文化网络等五个因素。

（1）企业环境是形成企业文化中影响最大的因素，不同的企业环境会产生不同的企业文化。

（2）价值观是企业文化的核心，是企业成功哲学的精髓。

价值观是企业的基本观念和信念，价值观很明确地向员工说明了"成功"的定义。

（3）英雄人物是企业价值观的人格化和组织力量的集中体现。

①他是企业价值观的人格化。

②他有着不可动摇的个性和作风。

③他的行为超乎寻常，但距常人并不遥远，是可以学习和模仿的。

④他通过在整个组织中传播责任感而鼓励员工，其鼓舞作风不会因为他的去世而消失。

（4）礼仪和庆典是传输和强化企业文化的重要形式。

（5）文化网络是指企业内部以故事、小道消息、机密、猜测等形式来传播消息的非正式渠道。它是企业价值观和英雄轶事的"载体"，是传播企业文化的通道。它往往是由某种非正式的组织和人群构成。其所传递出的信息往往能真实反映出员工的愿望与心声。

（三）企业文化的框架及其与企业形象的关系

1. 企业文化的三个层次（图3.1）

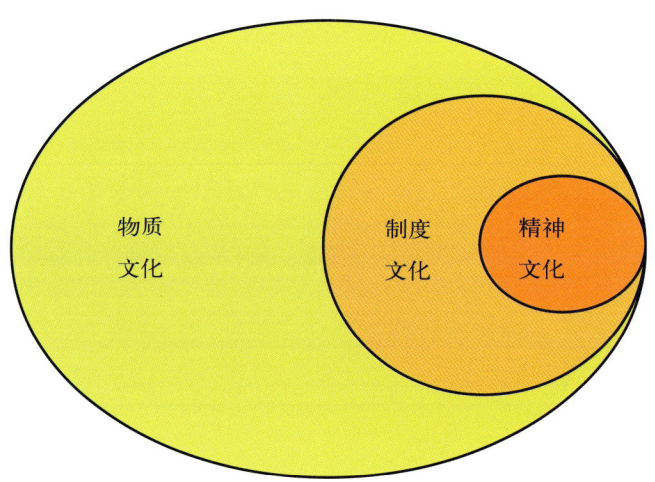

图3.1 企业文化的三个层次

（1）物质文化层：物质文化是企业文化的外在表现和载体，是制度文化和精神文化的外在表现形式。

①企业名称、标志、标准色、企业歌、旗、服饰等。

②企业产品、机器设备等。

③企业建筑风格，办公室、车间的设计和布置等。

④企业文化、娱乐、体育和生活设施。

⑤企业文化传播的内部网络，如企业刊物、广播、内部网络、宣传栏等。

⑥企业文化传播的外部媒介，如企业的影视广告、平面广告、户外广告牌、宣传海报等。

⑦传达企业文化的各类物品，如名片、信纸、信封、纪念品等。

（2）制度文化层：制度文化是企业文化的中间层次，没有严格的规章制度与行为规范，企业文化建设就无从谈起。其包括以下几部分：①企业规章制度；②企业行为规范；③企业的管理方略：管理的基本原则、基本方法、手段和策略；④企业风俗和礼仪，企业长期以来形成的典礼、仪式、工作风格及工作礼仪等。

（3）精神文化层：企业全体员工共同信守的基本信念、价值标准、职业道德及精神风貌，是企业文化的核心和灵魂，是形成物质层和制度层的基础和依据，包括以下几方面。

①企业愿景：企业的长期愿望及未来状况，是企业发展的蓝图，体现企业永恒的追求。

②企业理念：属于企业的意识形态。

③企业价值观。

④企业风气。

⑤企业道德。

2. 企业组织要素（企业文化管理的基本要素）（图3.2）

麦肯锡7S模型（McKinsey 7S Model），简称7S模型，是麦肯锡顾问公司研究中心设计的企业组织七要素，指出了企业在发展过程中必须全面地考虑各方面的情况，包括结构（Structure）、制度（System）、风格（Style）、员工（Staff）、技能（Skill）、战略（Strategy）、共同的价值观（Shared-Values）。

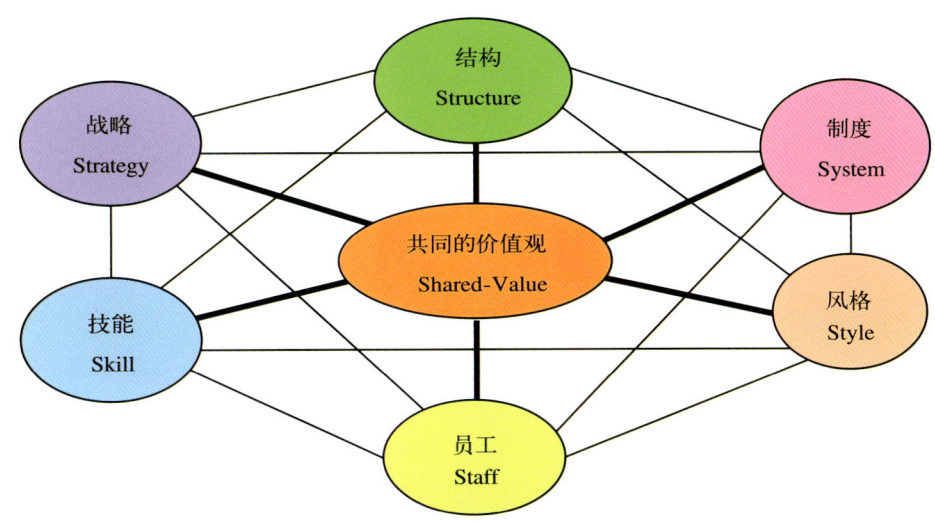

图3.2 "麦肯锡7S 模型"企业文化管理的基本要素

3. CI与公司文化的对应关系（图3.3）

企业文化与CI作为现代企业管理的重要内容有着相互联系、相互促进的关系，但又各有侧重。企业文化注重企业内涵的塑造，CI通过企业理念的外化注重企业形象的塑造。CI设计通过塑造独特的企业形象，一方面使企业文化得以直观的、广泛的传播；另一方面，使企业文化得以深化和发展。而企业文化的深化和发展又为CI提供了新的方向和内涵，二者不断相互促进和发展为企业的腾飞提供了源源不断的动力。

（1）企业理念识别（MI）与企业精神文化密不可分。企业理念如同一个企业的"心脏"，决定了一个企业的发展方向，企业形象系统的导入和实施都必须依赖于企业理念的确立。因此，企业理念是CI操作的原动力和实施的基础，它作为一种无形的力量，对企业员工的精神面貌产生着持久的影响，对企业物质文化的发展起着促进作用。企业理念是企业文化的精神层次中的一个组成部分，主要以企业精神的形式反映出来。与此同时，企业理念也是精神文化中如企业愿景、企业经营哲学、企业道德、企业风气、企业宗旨、企业价值观等方面的凝结和提炼。

（2）企业行为识别系统依靠企业制度文化的支持。企业行为识别（BI）系统是CI的第二个构成要素，是落实MI策划、实现CI战略的根本保证；其内容包括对内的环境营造、员工教育、员工行为规范化以及对外的市场的开拓、公共关系等。如果不注重企业制度行为层文化的建设，就不可能有良好的企业行为识别系统。这是由于企业行为识别系统更多的是进行制度和规范的确定，而其实施效果的好坏则更多取决于企业员工对其的理解和认可。只有通过提高员工的技术水平、管理水平和道德规范，使企业理念深入到每个员工的行为中去，才能建立起真正的CI。

（3）企业的视觉识别系统突出解决企业物质层文化的问题。企业的视觉识别（VI）系统是借助各种媒介传达企业理念、企业文化特质、服务内容、经营风格的系统。它要求以标准化、系统化、统一化的手段，塑造并传达企业的独特形象并突出企业的个性。企业的物质文化层是企业文化的表层部分，是制度层和精神层的基础，它包括视觉识别要素、物质环境、产品特色、技术工艺设备特性等因素。从另一个角度来说，企业视觉识别系统是否能够表达和呈现企业形象也就代表着企业物质基础的优劣。因此企业的视觉识别系统与企业文化中最容易为人们所感知的物质层是紧密相连的，它是企业物质文化层最重要的问题所在。

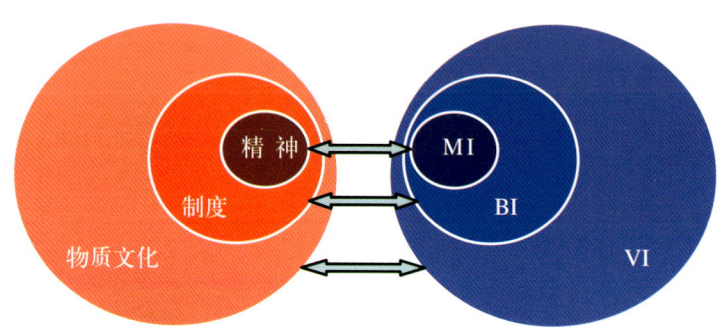

图3.3　CI与公司文化的对应关系

二、企业形象策划

企业形象策划是指策划者为了达到企业目标，尤其是达到树立良好企业整体形象的目的，在充分进行企业实态调查基础上，对总体企业形象战略和具体塑造企业形象活动进行谋略、计划和设计的运作。

（一）以形象力提升企业竞争力

传统的观点认为：企业的竞争力取决于产品力和营销力，这是不全面的，实际上应该再加上形象力，构成企业竞争力的三轴。

（1）产品力：产品的竞争能力包括产品的品质、价格、多样化、先进性和开发潜力等。

（2）营销力：企业市场营销的创造力和实力，包括销售和服务网络、促销策略、供货系统等。

（3）形象力：企业和品牌的知名度、美誉度、信赖感等。

（二）企业形象策划的目标

（1）顾客：优良的产品质量、公平合理的价格、优质的服务态度。

（2）竞争者：公平竞争、维护市场秩序、相互促进的竞争对手。

（3）供应商和分销商：值得信赖、可以建立长期合作关系的伙伴。

（4）政府：公平竞争、遵纪守法、按时纳税等。

(5) 社会大众：提供就业机会、热衷公益事业、有社会责任感。
(6) 员工：未来发展的前景、参与其中的归属感与荣誉感。
(7) 股东：对企业发展战略的认同、满意的利润回报。

（三）企业形象策划的功能

1. 识别功能

2. 管理功能

企业将CI推进手册作为内部规章制度，让全体员工认真执行，统一和提升企业的管理水平，对企业资源可以更好地进行配置。

3. 传播功能

在CI战略中，统一的、系统的视觉要素可以加强信息传播的强度和有效性，提高传播效果。

4. 协调功能

通过CI，可以将企业分散在各地的、独立经营的业务单位整合在一起，保持组织成员的归属感和向心力。

5. 文化教育功能

CI战略能促进企业文化的建设，使全体员工形成共有的价值观。

三、品牌形象策划

品牌形象策划是策划的思想、理论在企业塑造良好形象活动中的应用。

（一）品牌定义

严格来说，广泛意义上的品牌包括三个层次的内涵：首先，品牌是一种商标，这是从其法律意义上说的；其次，品牌是金字招牌，这是从其经济或市场意义上说的；最后，品牌是一种口碑、一种品位、一种格调，这是从其文化或心理意义上说的。

从广泛意义上讲，品牌是消费者眼中的产品和服务的全部，也就是人们看到的各种因素集合起来形成的产品表现，包括销售策略、人性化的产品个性及两者的结合等，或是全部有形或无形要素的自然参与，比如，品牌名称、标识、图案这些要素等（图3.4）。

一个完整的品牌定义应从两个不同角度来阐释：从消费者角度来讲，品牌是消费者对一个企业、一个产品所有期望的总结；从企业的角度来讲，品牌是企业向目标市场传递企业形象、企业文化、产品理念等有效要素，并和目标群体建立稳固关系的一种载体、一种产品品质的担保及履行职责的承诺。

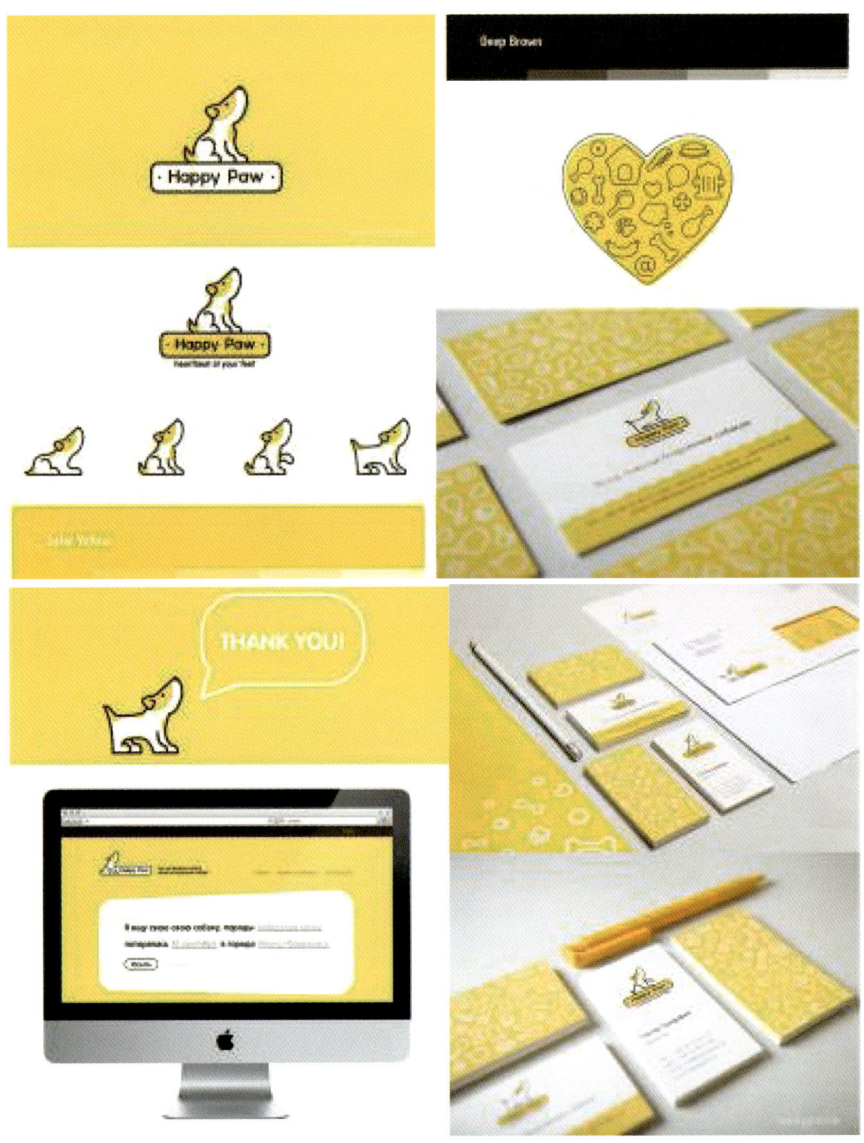

Happy Paw
VI 设计
【图片案例】

图3.4 Happy Paw品牌形象设计

（二）品牌形象定位

只有明确了目标，才能知道企业与目标之间的距离，才能知道如何把目标和企业联系起来。当今的社会，是一个传播过度的社会，人们被迫接收各种各样的信息，能被人记住的信息都是简单而特点鲜明的。

通过品牌定位来分析品牌变得相当普遍，定位是依据竞争来强调品牌的独特之处和激励购买因素的过程。要进行品牌定位，首先要进行分析，包括消费者能接受怎样的品牌；然后进行概念分析，为品牌选出一个适合的位置，并创造出一个为人接受的概念，同时也要为品牌找出一个发展的规律。换句话说品牌就是一个名字，其价值内涵在于产品品质及服务理念。

品牌定位主要包括以下几方面。

1. 目标消费者定位

一个品牌走向市场，参与竞争，首先要明确目标消费者，以此目标消费者为对象，通过品牌名称将这一目标对象形象化，并将其形象内涵转化为一种形象价值，从而清晰地告诉市场：该产品的目标消费者是谁；同时又因此品牌名称所转化出来的形象价值而具备一种特殊的营销力。

如我们大家都非常熟悉的"太太口服液"，"太太"这一名称就直接表明了这种口服液的消费者是那些"太太"们，一改其他保健品那种男女老少均可能用的无目标的诉求方式。以"太太"作为目标消费者，并以"太太"作为品牌名称，使品牌发布同时即开始品牌传播，同时还具有消费者定位及营销的作用。

2. 消费感受定位

每种产品都有其特殊的功效，消费者在消费时都希望获得某种满足感，许多产品就是以给消费者带来满足感进行市场竞争定位的。

如"可口可乐"作为一种饮料，就把消费者消费时获得的满足感作为一种诉求定位点。因此，在进入中国市场时，就直接用"可口可乐"这一能够直接表示消费感受的名称，一方面显示品牌属性，另一方面也给消费者一种诱惑、期待或承诺。

3. 情感形象定位

作为一种定位方式和诉求渠道，"情感形象与价值"被许多品牌作为市场定位及诉求的重要支点，配合此一诉求内容和定位基点命名的品牌，也能启动定位过程，并由于它直接或间接地冲击消费者的情感体验而具备明显的营销力量。如，东京瓦斯这个百年品牌，就是通过与受众情感联系的彰显，拉近与消费者之间的距离。（参看东京瓦斯《我的老妈》和《奶奶煮的菜》）

东京瓦斯温情广告：奶奶煮的菜【参考视频】

4. 观念定位

当今社会，许多品牌要带给消费者的是一种新的观念，这种观念就成为其市场定位。如宝洁公司最初推出一次性尿布时，因为消费者观念受到阻碍。于是在宣传中转而强调使用一次性尿布并不是因为母亲要图省事，而是因为宝宝需要更柔软、更安全、更卫生的尿布。此举成功地扭转了大众的观念，从而赢得了市场。

东京瓦斯温情广告：妈妈的味道【参考视频】

5. 产品形式定位

产品的形式、状态表现也是市场定位的一种重要手段。在产品的内在特性越来越相同的今天，产品的形式本身就可能成为一种产品优势。如Kofetika咖啡品牌（图3.5）将咖啡杯、咖啡豆和丝滑的口感作为品牌形象设计的切入点，并以此为基础成功塑造了全新的品牌形象，既是一种定位，也是一种诉求。

图 3.5 Kofetika咖啡品牌VI设计

（三）品牌形象策划的内容

1. 品牌名称的选择

1) 显示产品的功能和优点

好的品牌名称或品牌标志可以显示产品显著的功能或特点。中美合资生产的"强生"（JOHNSON）儿童护肤用品的品牌名称"强生"二字表示儿童使用"强生"护肤品后可以茁壮成长；"果珍"（TANG）则明确了"水果中的宝贵精华"的含义，从而在消费者心目中确立"有益于健康"的观念。瑞士的名牌手表"铁达时"（TITUS）的中译名准确表达了手表走时准确的特性。

2) 简单明了、积极向上且便于记忆

好的品牌名称可给人留下深刻的印象。例如，"可口可乐"不仅描绘了饮料的滋味，同时也表达了消费者享用这种饮料时的愉悦；"绅士"作为衬衫的品牌名称，代表了穿"绅士"衬衫的人高雅与庄重的气质；"英雄"作为打字机和金笔的品牌名称，确立了产品在消费者心目中的地位，因为产品中的英雄，就是"好的产品"的意思。

3) 品牌与企业及产品形象的一致

好的品牌与企业或产品的形象是统一的，并且能够在市场中展示

佳能 V 电影广告：Leave me
【参考视频】

企业或产品的形象。例如，"格力"作为空调的品牌名称，表现了产品的品质与风格；"半球"电器的品牌名称预示了企业的兴旺与发达，并对企业在市场上的地位作了恰如其分的表现。

4）品牌的名称需符合相应的法律法规

好的品牌是符合法律规范的，能够保持品牌自身的独立与公正。品牌命名有一定的程序和规则，不是随意进行的。要在商业活动中公平地竞争，这就涉及政治、经济、文化、地理等许多因素的制约。如：品牌要有一定的独创性，不得与别人雷同；品牌商标要与商品有关，但不要过于紧密，尤其是不能对产品质量和作用进行夸大或有欺骗性的宣传；品牌命名还要考虑民族、地域、文化传统及国际因素，这些规则通常由所在国家或地区的相关法律法规来进行制约和规范。

2. 品牌策略的选择

在市场营销中，企业要选择正确的品牌策略，这一点无论对于产销兼顾的制造商还是只专注于销售的批发商或零售商来说，都是十分重要的。品牌策略主要有两种，即多产品品牌策略和多品牌策略。

1）多产品品牌策略（产品线扩展策略）

多产品品牌策略是指制造商用一个品牌来命名和展示自己的产品。荷兰的飞利浦公司（PHILIPS）在全球制造和销售各式各样的电器产品，包括电视机、音响器材、电熨斗、电须刀、电咖啡壶、果汁机，等等，但只使用一个品牌，即"飞利浦"（PHILIPS）。

多产品品牌策略有以下优点。

第一，可以在消费者心目中建立唯一的品牌和企业形象，消费者可以先选择品牌再寻找需要的商品。

第二，有利于企业在市场上展示自己实力。

第三，单一品牌有利于促销活动中的信息传达，节约企业促销活动的经费，企业在向消费者宣传品牌的同时可以介绍企业的各类产品。正因为多产品品牌策略的这些优点，许多大型的跨国企业均使用这种品牌策略，例如，日立公司、东芝公司等。

2）多品牌策略

多品牌策略是指制造商分别以不同的品牌命名和展示自己的产品，目的是强调各种产品的特色，并给消费者留下深刻印象。多品牌策略的使用主要由产品的特色来决定，例如，宝洁公司旗下包括飘柔、潘婷、海飞丝、沙宣、伊卡璐、舒肤佳、玉兰油、护舒宝、帮宝适、佳洁士、汰渍、碧浪、品客、吉列、金霸王等20多个品牌。

企业采用多品牌战略的益处在于：首先，多种不同品牌可以吸引更多的顾客，提高市场总体占有率。多品牌战略在品牌的选择上，与企业市场定位紧紧结合在一起，每个品牌都有一定的特色，所有品牌拥有的顾客数之和，远远大于单个品牌的顾客量。其次，多品牌能充分满足市场需求的差异性。处于不同地区的消费者，有着不同的文化背景、风俗习惯、审美标准等特点，他们的需求是千差万别、复杂多样的，多品牌的产品能充分满足这样的差异。再次，实施多品牌战略可以帮助企业建立内部竞争机制，提高工作效率。产品分类管理，使不同部门之间相互竞争、相互学习，从而

雪碧广告：激发你的真实自我
【参考视频】

提高工作效率。这种竞争，可使企业及时发现问题并解决问题。有利于企业适应不断变化的市场。最后，实施多品牌战略有利于降低经营风险。企业可以从多角度深入市场，即使个别品牌失败了也不会影响其他品牌产品的声誉，减少了风险。

但是，企业采用多品牌战略受到一定条件的限制，不是任何企业都适用的。从国内外众多著名的品牌发展来看，多品牌战略的运用范围比较狭窄。一方面，企业树立多品牌的费用偏高，而各品牌之间并不能互相带动，这对企业实力是一大考验，实力弱的企业是不敢问津的；另一方面，品牌之间竞争容易相互削弱单个品牌的竞争力量。众多品牌在某一市场领域"抢饭碗"，会削弱本企业的竞争实力。实践证明，实施多品牌战略是个系统工程，需要长期不懈的努力。

3. 品牌推广与媒介策略

广告媒介，又叫广告媒介物、广告载体等，它是广告制作者来进行广告活动的物质手段，是广告信息传播的技术工具。随着科学技术的进步和商品经济的发展，可供选择的广告媒介越来越多，如报纸、杂志、广播、电视、电影、幻灯片、户外招贴画、广告牌、霓虹灯橱窗、交通工具和包装纸等。品牌形象广告应用的主要媒体是报纸、杂志、广播、电视这四大媒介。

1) 媒介选择标准

一般来说，一种媒介是否适合承载企业形象广告需要通过对其优势和劣势的分析和评价来决定。分析和评价每种媒介的优劣有一定标准，这个标准服从于广告宣传的目的。

（1）普及性。

媒介的普及性越好，广告的宣传面越宽，效果越好。反映媒介普及性的主要指标是"媒介接触人数"。对于电视来说，就是电视观众人数；对于报纸、杂志来说，就是读者人数；而对于广播来说，就是听众人数。

（2）一致性。

媒介的宣传目的与广告的目的不尽相同，媒介对象与广告对象也不完全一致。广告的目的是要让广告对象对广告信息引起重视，其对象仅是媒介对象中的一部分人，而媒介对象的大部分人对广告并不感兴趣。在借助媒介宣传广告时，如何让媒介对象与广告对象一致或趋向一致，是正确选择广告媒介的关键。这种一致性，不仅是人数总量的一致性，更主要的是人数结构的一致性。这是增强企业形象广告效果的重要保证。根据这一原理，企业形象广告策划应努力寻找与自己的广告对象尽可能一致的媒介。

（3）吸引力。

媒介的吸引力，在很大程度上会影响广告的吸引力。吸引力有两层含义：第一，如果同一广告可以在多种媒介上做宣传，且价格相同，应考虑哪种广告媒介更能吸引广告对象；第二，如果在同一媒介的不同位置做广告的费用相同，应考虑在什么位置做广告更吸引对象。

（4）时效性。

时效性指广告预期刊登（或播出）时间与实际刊登（或播出）时间之间的差别。可以用从广告制作开始到广告在媒介上推出所需要的时间来表示，它反映广告制作效率。

依云创意广告：
Baby and me
【参考视频】

(5) 保存性。

保存性指广告对象能否把载有广告的媒介载体保存下来。它可以由专家对多种媒介的保存性打分，也可以根据调查用媒介载体的保存时间来表示。

(6) 制作水平。

制作水平指媒介制作广告的硬技术水平（设备、仪器等）和软技术水平（制作风格、广告创意、表现手法等）。

(7) 购买费用。

这是影响媒介选择决策的重要因素。以较少的广告费用取得较好的广告效果，始终是做广告者追求的目标。

2) 媒介选择依据

选择广告媒介的目的，在于求得最大的经济效益和最好的社会效益，即依据媒介量与质的价值与广告费用之比，力争少花钱、多办事，并求得传播信息的最大量和传播效果的最佳。广告媒介量的价值是指媒介覆盖的范围和视听者的人数，广告媒介质的价值是指媒介的影响力和心理效能。

一般来说，正确选择媒介的主要依据有以下几方面。

(1) 媒介的性质。

不同的广告媒介有不同的性质与特点。广告媒介选择得合适，企业形象广告效果就会显著；广告媒介选择不当，就会弱化企业形象广告效果。媒介传播范围的大小，发行数量的多少，直接影响视听受众的人数。媒介的社会文化地位是否与受众文化层次相适应，会影响广告的传播效果；媒介的社会威望，对广告的社会影响力和可信度也有着重要的影响。

(2) 广告内容的特征。

无论是向社会公众致以节日的祝贺，向社会公众介绍企业的历史、现状与未来，还是支持社会福利事业、社会公益事业和社会公共事业乃至对其他企业提供赞助活动等，企业形象广告所涉及的具体内容都各有其特点。不同的企业形象广告内容应选择不同的广告媒介，以保证特定的社会公众能视之、听之、读之。企业应把所要做的形象广告内容同媒介的特点很好地结合起来进行分析，使其效果更佳。

(3) 社会公众的习惯。

不同的企业形象广告内容是针对不同的受众的，而不同的受众，由于职业、兴趣爱好、文化程度及生活习惯等方面的不同，对媒介的接触习惯也不同。例如，知识分子普遍愿意接触报纸、杂志等媒介，家庭主妇愿意接触广播、电视等媒介，青少年、儿童愿意接受电视、网络等媒介。企业在选择广告媒介时，要根据特定目标受众的接触习惯，选择他们乐意接触和接受的广告媒介。因此，了解社会公众的心理、生活习惯和接触媒介的习惯有助于正确选择企业形象广告媒介。

John Lewis 百货公司广告：Monty The Penguin
【参考视频】

(4) 广告目标的要求。

任何企业形象广告都有特定的目标要求，这个目标是由企业组织的社会活动和经济活动决定的。因此，企业组织在选择广告媒介时，需要考虑企业形象广告目标与企业社会活动及经济活动的结合度。例如,新建企业为举行开业仪式制作企业形象广告,目标是扩大企业的知名度,这时应选择时效性强、覆盖面广的报纸、电视和广播等媒介,给社会公众以深刻印象。如果企业参与某项重大的社会活动,企业形象广告目标是扩大企业信誉度,应选择精美的印刷品,以流畅的语言图文并茂地介绍企业的情况。

(5)企业自身的实力。

腾讯品牌广告:
弹指间,心无间
【参考视频】

无论是直接制作企业形象广告,还是通过参与社会公益活动而间接地推出企业形象广告,都要支付一定的费用。采取何种形式,选择何种广告媒介,其费用是不一样的,企业应该量力而行。可行的办法是依据企业自身的财力来合理安排企业形象广告活动,选择适当的广告媒介,适当的刊播时间等。

图3.6 中国移动品牌形象设计

四、品牌形象的发展趋势

(一)品牌再设计

随着企业发展,品牌的目标及定位更加明确,品牌再设计势在必行。一个品牌经过在设计之后可以价值千金!再设计重视的是在原来的基础上进行提升,从色彩、造型、表达、形式上进行升华,无论是简单而微妙的变化还是彻头彻尾的颠覆,都是为了朝世界发展前沿和新的理念、文化而努力。例见图3.7,图3.8。

图3.7 联合利华标志变化

星巴克广告
【参考视频】

图3.8 星巴克标志变化

（二）从静态到动态

20世纪末，数字化媒体出现，社会环境也发生了质的变化。电脑技术在设计上的广泛应用挑战着原有的艺术设计形式，同时也充实着设计的外延。多元化的视觉观念也暗示着新视觉表达方式将要打破传统设计门类的界限，让设计成为一种能融合多种学科的载体。许多设计师已经不再满足于原有VI设计仅局限在平面和静态的状况。尤其是在Flash等简单而好用的动画软件面世后，各种动画形式的VI设计面世，也有在平面的媒介上表现超平面的动态效果的。总之VI打破了"静"的传统，逐步开始"动"了起来。国外类似的尝试早已进行。现在国外的标识设计早已打破传统规则，在静止的二维平面中加入"时间"和"表情"，在应用中丰富和灵活的展现（图3.9）。

（三）从传统印刷到数字传播

设计的数字化是指在设计制作中尽量利用网络资源以多媒体手段制作理想的图案文字和文本视觉效果，文本的数字化是指以CIS电子文本取代传统的印刷品CI手册，利用其高精度性能使标准色、标准字真正标准化；实施的数字化是指大量通过计算机网络、运用数字化手段进行传播、营销和管理。它克服了传统CIS的诸多不足之处。例如，深圳大运会志愿者的VIS（图3.10）。

加利福尼亚大学
(University of California) VI
【参考视频】

图3.9　美国加利福尼亚大学动态VI展示

图3.10　深圳大运会志愿者VIS

符号组成的字母V，U和S，对应"志愿者""大运会"和"深圳"。符号代表着激情和奉献精神，志愿者为深圳大运会服务。这三个字母分别为红色、黄色和蓝色，代表青春、活力和热情。

（四）从二维到三维

CI设计需要在特定的时间和空间中表达与传播。而现代CI设计是将二维、三维及四维设计融合在一个空间中的综合艺术，它可以容纳更多的空间元素和媒介，对于指示系统、品牌名称、标准色彩和字体、企业文化等的表现也就更加到位。例如，一些品牌专卖店的空间设计，既要能够实现商品的陈列功能，又要能够满足企业视觉识别系统的塑造，形成企业内外的重要沟通媒介，使顾客体验全方位的购物环境（图3.11，图3.12）。

图3.11　LOUIS VUITTON 品牌专卖店形象展示

图3.12　PRADA品牌专卖店形象展示

（五）从企业形象CI到区域形象CI

随着地区经济的发展，企业竞争逐渐向地区竞争延伸。作为市场竞争的利器，CIS理论得到进一步运用，如何有效地策划和导入区域形象或称城市CIS，已成为各级政府重视的问题，被列为区域经济发展和文明建设的重点工作内容。香港、重庆、烟台、海口、大连、天津、珠海、广州、北京

Prada 品牌专卖店形象展示
【图片案例】

等城市，在区域形象策划方面都初具雏形。CIS已经由小CIS发展到大CIS，即把原来代表企业的C（Corporate）延伸为代表城镇的C（County或City）。CI形象已不仅是单个的企业形象，而是整合的区域形象。

重庆城市形象标志"人人重庆"以"双重喜庆"为创作主题，两个欢乐喜悦的人，组成一个"庆"字（图3.13），道出重庆市名称的历史由来。标志以"人"为主要视觉元素，展现重庆"以人为本"的精神理念，传递出重庆人"广""大"的开放胸怀，以及"双人成庆"的美好吉祥的寓意；又如两人携手并进、迎向未来，蕴含政府与人民心手相连、共谋重庆发展的内涵。重庆的城市形象宣传广告更是以"云中之城"的概念，通过美丽的重庆城市风貌向受众传递重庆的城市魅力。

香港的城市形象标志，看上去是一条活灵活现的中国飞龙（图3.14），飞龙的龙身是由香港的中英文名称组成，设计巧妙地把"香港"二字和香港的英文缩写H和K融入飞龙图案内。飞龙的主体标志凸显香港的历史背景和文化传统，而融入了中英文名称则又恰好反映了香港东西方文化汇聚的特色。飞龙的流线型姿态给人一种前进感和速度感，象征香港不断蜕变、不断演进的进取精神。飞龙富有动感，充满时代气息，代表香港人勇于冒险创新、积极进取的精神，以及不达目标绝不放弃的坚毅意志。

重庆城市形象宣传片：云中之城
【参考视频】

图3.13　重庆的城市形象标志　　　　图3.14　香港的城市形象标志

图3.15为日本公布的申办2020年奥运会的标志，由五种颜色的樱花所组成的环形。樱花是日本的象征，代表着永远和幸福。而环形则代表着一个不间断的状态。

2020年东京奥运会申奥片
【参考视频】

图3.15　东京2020年申奥标志

品牌的作用确立了品牌形象策划对一个企业的重要性。从制造商或零售商的角度来看，品牌形象策划可以帮助他们确立企业在市场中的地位，也可以帮助他们确立某种产品在消费者心目中的地位。同时，在实施品牌形象策划的过程中，企业的市场细分活动和促销活动不仅大大地被简化了，而且目标也变得明确了。不同消费群体有着自己喜欢的品牌，这种倾向不单取决于消费者的个性、感觉等因素，还取决于不同消费群体的收入、地位等差异。品牌代表着产品的品质，消费者在自己喜欢的品牌中挑选和寻找自己所需要的产品。

本章从企业文化、企业形象和品牌策略的角度出发，通过品牌了解企业的定位和推广策略，由此预见企业形象的整体趋势。能帮助我们更好地认识企业识别系统及其策划过程。

实践与练习

单元训练和拓展——企业文化的提炼和品牌定位

案例欣赏：

lenovo 联想

1. 企业定位
   - 联想从事开发、制造及销售最可靠的、安全易用的技术产品。
   - 我们的成功源自于不懈地帮助客户提高生产力，提升生活品质。

2. 使命
   - 为客户利益而努力创新
   - 创造世界最优秀、最具创新性的产品
   - 像对待技术创新一样致力于成本创新
   - 让更多的人获得更新、更好的技术
   - 最低的总体拥有成本（TCO），更高的工作效率

3. 核心价值观
   - 成就客户——我们致力于每位客户的满意和成功。
   - 创业创新——我们追求对客户和公司都至关重要的创新，同时快速而高效地推动其实现。
   - 诚信正直——我们秉持信任、诚实和富有责任感，无论是对内部还是外部。
   - 多元共赢——我们倡导互相理解，珍视多元性，以全球视野看待我们的文化。

4. 课题内容——分组进行企业文化的提炼和品牌定位
   - 课题时间：8课时

- 教学方式：老师先给提示，结合的案例进行分析，启发大家研究和讨论企业理念的内容和策划要点，并指导学生完成CIS设计项目的理念识别系统的策划。
- 教学要求：在任课教师的指导下，分组进行（延续上一次项目分组），结合知识点与之前的练习，对本组拟定的项目从企业文化、企业形象和品牌策略的角度出发，并在此基础上制定企业的定位和推广策略。
- 要点提示：在了解了企业文化、企业形象和品牌策略的前提下，结合项目小组讨论和课下调研，多方位的完成本次课题。
- 训练目的：借助此次课题的开展，在分组进行企业文化的提炼和品牌定位的过程中提高学生的分析能力，在企业定位和推广策略的制定过程中提升学生的逻辑思维能力和提高市场认知。

5. 其他联系

教师可根据教学的侧重点，鼓励小组成员进行开放式的探讨和争论，加深学生对于本章知识点的认识，同时可以借助品牌策划提案的方式开展各组之间的讨论，让学生在完成各自的提案的同时向其他组提问、纠错和提建议，以此提高学生的学习热情。

6. 理论思考

（1）简述企业理念识别的内涵和功能。
（2）简述企业理念识别的内容及表现方式。
（3）请简述企业形象与企业文化的关系。
（4）品牌形象策划的基本步骤是什么？
（5）企业形象策划有哪些趋势？

7. 相关知识链接

（1）企业文化
参见：欧阳国忠．企业文化高效落地活动案例[M]．北京：清华大学出版社，2014．
（2）品牌形象策划
参见：郭桂萍．品牌策划与推广[M]．北京：清华大学出版社，2015．

8. 课后阅读：世界著名公司的理念口号

（1）以生产大众喜爱的汽车为目标。（丰田 TOYOTA）
（2）创造人与汽车的明天。（尼桑 NISSAN）
（3）技术本位的日立公司。（日立制作所）
（4）我们非常重视意见的交流。（第一劝业银行）
（5）千万不要让顾客等待。（三星 SAMSUNG）
（6）IT WORKS.（华尔街日报 The Wall Street Journal）
（7）Only one magazine has the power of Fortune.（财富 Fortune）
（8）Getting people together.（波音 Boeing）
（9）Progress for people.（通用 General Electric）
（10）Just do it.（Nike）

第4章　BI设计系统

本章要求与目标

通过教学使学生掌握企业行为识别系统的内容及行为系统建立的原则。

本章教学框架

吉百利创意广告：自杀的巧克力【参考视频】

一、企业行为系统的构成

（一）企业行为识别系统的内涵

BI是指在MI基础上所形成的，用以规范企业内部行为，并达到对外行为统一化（活动统一化）的一系列行为规范和准则。

如果说MI是CI的"想法"，那么BI就是CI的"做法"，也就是说企业活动识别是CI的动态识别形式。作为CI的"做法"，BI有对外、对内两类活动。对内就是建立完善的组织管理、教育培训、福利制度、行为规范、工作环境、开发研究等从而增强企业内部的凝聚力和向心力；对外则通过市场营销、产品开发、公共关系、公益活动等传达企业理念，从而提高企业知名度和美誉度。

（二）企业行为识别的特征

MI的传播主要通过两条渠道：一是静态的视觉识别系统；二是动态的行为识别系统。BI在实际操作过程中具有三个特征：行为识别的统一性，行为识别的独特性，行为识别的动态性。

（三）企业行为识别的内容

企业的行为系统形象设计涵盖了企业的经营管理、业务活动的所有领域。如果分类划分，可以分为对内对外两大部分。企业内部系统包括企业内部环境的营造、员工教育及员工行为规范化等。企业外部系统包括市场调查、产品规划、服务活动、广告活动、公关关系、促销活动等内容。

1. 内部系统

1）企业环境

企业内部环境的构成因素很多，它主要分为两部分内容：一是物理环境，包括视听环境、温湿度环境、嗅觉环境、营销装饰环境等。二是人文环境，主要内容有员工精神风貌、领导作用、合作氛围等。

企业营造一个干净、整洁、积极向上、温馨融洽、团结互助的企业内部环境，不仅能保证员工的身心健康，而且可以树立良好的企业形象。因为，这是给社会公众留下的第一印象，第一印象给人的印象最深，一旦形成就很难改变。

2）员工教育

企业员工来自不同的社会阶层，学识修养、脾气秉性各不相同。员工教育的目的是使行为规范化，符合行业行为系统的整体要求。员工教育分为干部教育和一般职工教育，两者的内容有所不同。干部教育主要是政策理论水平教育、法制教育、决策水平及领导作风教育。一般员工教育主要是与其日常工作相关的一些内容，如经营宗旨、企业精神、服务态度、服务水准、员工规范等。

3）员工行为规范化

一个企业要在经营活动中步调一致，令行禁止，必须要有一定的准则规范。行为规范是员工共同遵守的行为准则。行为规范化，包括：职业道德、仪容仪表、电话礼仪、迎宾礼仪、宴请礼仪、谈话礼仪和形态礼仪等。

除以上三部分外，内部系统还包括福利制度、公害对策、废弃物处理、发展战略等内容。

2. 对外系统

1）产品规划

这是塑造企业产品形象的第一步。产品形象包括的内容有产品名称、包装、功能、质量、价格、营销手段等。产品规划首先是要进行市场调查，以求得与消费需求的一致性，即企业根据消费者的需求进行产品的开发设计，并且利用产品的销售策略加深消费者对产品的印象。产品形象的核心是产品的质量。因此，产品规划活动的关键是保证产品的质量。

2）服务活动

服务是直接与社会公众打交道，优良的服务最能博得消费者的好感。服务活动就内容而言，包括售前、售中和售后服务三个阶段的内容。服务活动对塑造企业形象的效果如何，取决于服务活动的目的性，独特性和技巧性。服务必须以诚信为本，来不得半点虚伪，它必须是言必信、行必果，给消费者带来实实在在的利益。

3）广告活动

广告可以分为产品广告和企业形象广告，对于CI来说，应更加重视形象广告的创造，以获得社会各界对本企业及产品的广泛认同。

形象广告就其制作手法而言与其他广告并无显著不同，但它有自身较为独特的目的。企业形象广告的主要目的是树立商业信誉，扩大企业知名度，增强企业的凝聚力，树立企业信誉。产品形象广告不同于产品销售广告，它不是产品本身简单化的体现，而是创造一种符合目标顾客追求与向往的形象。通过商标标志本身的表现及其代表产品的形象介绍，让品牌给消费者留下深刻记忆，以唤起社会大众对企业的关注、好感、依赖与合作，使越来越多的社会公众由潜在的顾客成为企业实在的客户，促进企业的生存与发展。

4）公关活动

公关活动是企业行为系统的主要内容。因为任何一个企业都不是一个孤立的客观存在，而是一个由各种社会关系包围的社会存在。通过公关活动可以提高企业的信誉度、知名度，通过公关活动可以消除公众的误解，免除不良影响，取得公众的理解和支持。公关活动的主要内容有专题活动、公益性活动、文化性活动、展示活动、新闻发布会等（图4.1～图4.3）。

图4.1　海尔"绿色达人"招募活动仪式

图4.2　海尔"地球一小时和你在一起"活动宣传网页

图4.3　"海尔绿智能 生活方程式点亮春天"　海尔郑州分公司植树活动

二、行为系统建立的原则

企业行为系统包括的内容非常庞杂，它涉及市场营销学、广告学、公关学、传播学、管理学等多方面的内容，但行为系统并不是这些内容的全盘照搬。行为系统的目的在于通过各种有利于社会大众以及消费者认知、识别企业的特色活动，塑造企业的动态形象，并与理念系统、视觉系统相互交融，树立起企业良好的整体形象。

因此，行为系统的建立应在总体目标的要求上，综合运用相关学科进行整体策划。建立企业行为系统，塑造动态形象并为社会公众所接受，不仅仅是公关部门的事，而是关系到企业每一位员工、企业的每一道环节和每一个部门的事。要使之发挥应有的效应，需要长期规划以及全体员工的共同努力，它不是短期的举措就能立竿见影的。行为系统传达的对象，不单是指向客户和消费者，还必须针对企业内部员工，社会大众，相关机构、团体。企业行为系统的规划、设计、建立是一项系统工程，应遵守以下原则。

（一）立足长远

建立企业行为系统，塑造企业形象，是企业长期的战略目标。其塑造过程，可以说是企业系统工程的组织过程，需要通过长期的艰苦努力，有目的、有步骤、有组织地开展各种有利于树立企业形象的活动，把各项具体工作统一到树立良好企业形象这个总目标上来，并持之以恒。即使已经在社会公众中建立了良好形象，也还需要经常组织有针对性的活动加以维护、发展和调整，不断改进和更新企业形象。

（二）以诚取信

真诚是CI的生命，企业举办任何活动应对消费者有实实在在的承诺，并确定兑现。企业必须用真情去感染公众，用发自肺腑的语言叩开公众的心扉，用实际行动实现对公众的承诺，以达到感情的共鸣和公众的支持。那种靠虚假失真广告制造噱头的公关活动，是不可能得到公众的信任和支持的。

（三）内外兼顾

企业开展活动，既要考虑企业内部员工的需要，又要顾及社会公众对企业总体印象和评价。衡量企业形象好坏的主要标准是能否满足公众的利益，公众是企业形象的主要感受者；"当局者迷，旁观者清"，企业的缺陷往往容易被社会公众发现。如果一个企业经营管理活动中，始终把公众利益放在应有地位，以公众利益为导向，那么这个企业在社会公众心目中的良好形象，最终会树立起来。因此，在CI战略中，行为系统的运作过程要随时根据公众的需求加以修正和调整。

（四）广泛传播

企业举办活动要取得良好效果，除了精心设计活动外，还要争取大众媒体的配合，广泛传播活动的消息。新闻媒体是树立企业良好形象的必备手段，在大众传播媒体高度发达的今天，利用新闻媒体对企业活动的多角度、多层面的正面报道，是行为系统发挥作用的一项重要工作。企业举办大型活动，如产品订货会、信息发布会、厂庆、专题促销活动、社会公益性赞助活动等，都应事先通知新闻媒体，借助他们扩大影响力。还要主动向新闻界提供准确的、有价值的新闻线索，为扩大企业影响力提供素材。

（五）防微杜渐

企业是一个有机体，机体的运动必然会产生各种问题。问题的出现并不可怕，关键是对待问题的态度，活动中不论出现什么问题，对企业形象都有或大或小的影响，有的甚至会带来难以挽回的损失。因此，防止企业形象发生危机是树立、保证和维护企业形象的重要原则之一。一旦活动中出现形象危机，就应采取有效对策拯救，以重新赢得公众的理解和支持。

三、企业内部活动内容

（一）员工培训

企业员工是企业形象的活化和外部传达的重要媒体，他们素质的高低以及是否能够正确表现企业的经营理念，将给企业的整体形象带来影响。因此，企业CI的实施，不仅需要全体员工的协助，还需要激发他们积极参与的热情。

企业CI计划的推行，首先要从规范员工的一言一行、接人待物入手，组织员工培训，统一规范企业的全体行为，最终实现企业整体的提升。

一般情况下，企业员工的教育和引导工作，可采取如下措施。

1）印刷"CI说明书"和"员工手册"

通过CI说明书，向员工阐明企业导入CI的背景、动机、规划以及企业理念和企业识别的意蕴，增强员工的认同感和前瞻意识。

编印说明企业理念、行为规范和企业标志的手册，让员工了解自己在企业导入CI过程中担负的使命，随时以此规范自己的行为，达到CI导入全员运作的最佳状态。

2）制作员工教育视频、幻灯片

在条件许可的情况下，应尽可能利用视频、幻灯片等手段，将企业导入CI的背景、动机及企业理念和标识等更有效地传达给员工，提高宣传、教育的效果。

3）利用企业内部各种宣传手段制造舆论

在企业内部的刊物、通讯、简报、海报、电台和有线电视等宣传媒体上，大张旗鼓地宣传导入CI动机、意义和对企业未来发展的积极作用，使员工有心理准备，而且还可以提高员工的士气。

4）加强企业内部沟通

一些企业成功的做法如下所述。

（1）晨会：主要增加员工参加企业会议的机会，并使之制度化；或举办"说真话会议"，增加内部交流与沟通的渠道。

（2）设置留言板：通过这种促使企业内部信息、意见和建议的传达和联络。

(3) 实施教育研习：通过举办企业员工与主管讲习会和非正式研修聚会，调动员工自我教育的积极性。

5）开展全员公关

通过全员公关的开展，提高员工的形象意识、参与意识和实践机会，创造一种良好、和谐的合作气氛，培养积极健康的心态。

6）倡导各种有意义的活动

企业导入CI的目的，就是要通过统整员工的行为活动，提升企业的整体素质。因此，企业行为设计的重要内容之一，就是要从企业出发调整和改善员工的日常行为状态，使员工的一举一动都能展示企业风貌。对此，切实可行的做法一般有：①改善电话应对态度；②推行礼貌运动；③推行最佳仪表活动；④开展积极向上的文娱活动等。

（二）干部教育

这里所说的干部，是指企业中担任一定的领导工作或管理工作的人员。

如果把企业比作金字塔，那么企业家即为金字塔的塔尖，其定位是非常重要的。企业家的定位可以设计为以下三方面。

1）企业形象的主要代表者

一般来说，优秀企业形象的塑造，是企业家与企业所有员工共同努力的结果。然而，对外界来说，只有企业家能够代表这个企业。实际上，许多著名的企业和卓越的企业形象，都是和领导者的名字紧紧联系在一起，有的企业干脆直接冠之以企业家的大名。例如，日本的松下公司，美国的玫琳凯化妆品公司，耐克公司，中国的李宁公司等。

运动品牌NIKE企业VI设计手册
【图片案例】

2）企业精神的主要塑造者

企业精神是企业家根据本企业的特点概括得出的。它一旦为全体员工所认同，就会产生强大的精神力量，为企业的发展提供生生不息的原动力。企业之所以能够形成区别于其他企业的独特的企业精神，归根结底是因为这个企业的领导者有着自己独特的思路和见解，以自己特有的价值观、道德观、个人素质影响并决定着企业精神。

3）企业兴衰的主要决定者

企业能否在激烈的市场竞争中生存、发展、壮大，领导者具有决定性的作用。

（三）行为规范

企业形象的塑造需要企业内所有员工的共同努力，员工的一举一动、一言一行都体现企业的整体素质。可以说，没有良好的员工行为，就不可能有良好的企业形象。但人的经历、教育、性格等不尽相同，这就需要制订大家共同遵守的行为规范。行为规范是企业员工必须接受和执行的基本行为准则，对员工行为具有约束、引导、指导的作用。行为规范的约束机制可以使人的行为趋于一致，并与企业的总体目标相适应。因此，在企业行为识别（BI）的设计中，员工行为规范是重要内容之一。

下边，我们展示中国国际航空公司的行为规范设计，供大家研究参考。

中国国际航空公司活动识别系统策划行为规范
飞行人员职业道德规范：
- 高度的负责精神
- 强烈的安全意识
- 精湛的操作技能
- 严谨的工作作风

机务人员职业道德规范：
- 精益求精　一丝不苟
- 钻研技术　精心维修
- 遵章守纪　严谨诚实
- 勤俭节约　艰苦奋斗

运输服务人员职业道德规范：
- 热情周到　礼貌待客
- 遵纪守法　不谋私利
- 团结协作　顾全大局
- 精通业务　优质服务

管理人员职业道德规范：
- 面向生产　服务基层
- 更新知识　调查研究
- 开拓进取　提高效率
- 遵纪守法　廉洁奉公

四、企业对外行为系统

　　企业对外行为系统是企业动态的识别形式之一。企业的各种行为都要体现出企业理念，才能塑造出良好的企业形象，才能使企业形象具有统一的内核。因此，企业对外行为系统必须在理念系统的指导和制约下进行。企业对外行为系统大致包括：新产品规划开发、服务活动与服务形象、企业形象广告策划、公共关系活动策划。

（一）产品形象

　　产品形象，是指产品的命名、外形、功能、质量、商标、价格和包装以及营销等给公众留下的整体印象。产品形象的好坏直接关系到公众对企业的总体印象，良好的产品形象会给企业的生存和发展带来理想的外部经营环境。消费者对某一产品具有良好的印象，其原因并不仅仅是产品的外观、性能等，还涉及有关的质量、服务、信誉、附加值等，这些都是产品形象的重要体现。

　　我们以康佳产品开发为例。自1990年以来，康佳便在"康佳"品牌推出一级商标"彩霸"电视，以后又推出"劲力"音响，"好运通"通信产品。既突出康佳的老品牌，又体现不断推陈出新的强劲趋势，每推出代表性的产品便冠以三级商标，诸如"双星超薄""天幕"阔屏幕彩电等，既保持了产品的连续性，又体现快速更新换代的实力，产生良好的社会效应。使"康乐人生，佳品纷呈"的康佳电子产品形象显示得实实在在。

（二）服务规范制定

制定服务规范的目的，是通过它贯彻实施，树立企业良好的服务形象，提高产品市场竞争力。我们以海尔为例，海尔为追求产品的强劲竞争力和品牌形象力，在表现产品质量形象、技术形象、外观形象的同时，不遗余力地树立海尔特色的优质服务形象。以"真诚到永远"为经营理念和统一广告词，一以贯之的全方位传播；在全国家电行业独家推出"国际星级服务"。提出"用户永远是对的"服务理念，以及如下服务目标："产品零缺陷，使用零抱怨，服务零烦恼"。海尔完善的服务体系，获得美国优质服务科学协会授予的"五星钻石奖"；海尔集团总裁张瑞敏被授予"五星钻石个人终身荣誉奖"。"真诚到永远"的深入人心以及国际星级服务的深入人心，使海尔在家电市场的激烈竞争中脱颖而出。

（三）营销公关活动策划

围绕着企业营销所进行的公关活动，我们称之为营销公关活动，诸如现场免费咨询、公益广告、公益活动，等等。现场促销是塑造企业形象、品牌形象、产品形象最好的时机。促销现场统一视觉形象的POP、广告、旗帜、宣传品、促销人员着装等的设计，是塑造优良企业形象与产品形象的必备手段；与此同时，围绕营销开展一系列公关活动，也尤为重要。所谓促销，就是营销者将有关本企业及产品的信息通过各种方式传递给社会公众，促进其了解、信赖并购买本企业的产品，以达到扩大销售的目的。由此可见，促销的实质是营销者与社会公众之间的信息沟通。促销活动的策划，就是通过各种促销方式的选择、运用与组合搭配的策划，有效地实现企业与社会公众之间的信息沟通。在对各种活动进行策划时，如何树立企业形象显得十分重要。因为，企业具有良好的社会公众形象，可以使企业和社会公众之间的信息沟通更顺畅、更持久，它对企业发展的影响也是深远的。

营销公关的核心是争取社会各方面的理解、信任和支持，在公众中树立良好的企业形象和产品信誉，达到促销销售的目的。它的着眼点不是企业的眼前利益，而是从企业战略目标实现及长期影响出发的。营销公关活动本身不是做买卖，而是通过公关活动促进销售。具体地讲，企业营销公司活动可选择的目标主要有以下几项。

1. 建立和提高企业及其产品的知名度

知名度是企业的产品、名称、宗旨、任务、方针、政策、规模等被公众了解的程度。企业知名度的高低，直接影响企业的经济利益，决定着企业的生存和发展。因为公众基本不会去一个不熟悉的商店购物，也不太可能购买他没听说过的品牌产品。

2. 建立并提高企业及其产品的信誉度

信誉度就是公众对企业及产品的信任程度。通过媒体使公众了解企业及其产品的信誉，放心购买企业生产的产品。

3. 建立并提高企业及其产品的美誉度

美誉度表示社会对企业的赞许程度。现代社会，市场的发展已由过去商品美誉的竞争转向企业美誉的竞争。良好的美誉度，可以吸引更多的目标顾客，开拓更大的企业目标市场，是企业得以生存和发展的重要因素，通过公共关系，宣传优质产品、优质服务、企业的经营管理水平与科技水平，可以树立企业良好的市场形象。

知名度、信任度和美誉度三者可以反映出一个企业在社会公众心中的大致形象。

4. 取得社会谅解

现代企业处在复杂的社会环境之中，各种矛盾交织，各企业间都有着复杂的经济利益关系。良好的公共关系，必须注意预防各种可能产生的矛盾和冲突，相互协商、谅解和支持。

5. 建立信息沟通网络

应广泛开展企业外部的信息交流，建立企业同社会各界之间纵横连锁的信息网络，及时了解外部环境及对企业行为的反应。

总之，公关的目标，就是企业通过公关的策划和实施所希望达到的企业形象。确定目标，对搞好企业的营销公关活动是十分重要的，它可以使公关活动主题明确，使公关活动针对性强，从而达到树立企业形象的目的。

（四）社会公益活动策划

社会公益活动是以赞助社会福利事业为中心开展的公关促销活动，比如赞助慈善事业、资助公共服务设施的建设等，通过这些活动，在社会公众中树立企业注重社会责任的形象，提高企业的美誉度。

社会公益活动从短期来看，是不会给企业带来直接的经济效益；但是，从长远来看，通过这些公关活动，企业建立良好的社会形象，使公众对企业产生好感，为企业创造了一个良好的发展环境。

策划社会公益性活动，可以从以下几方面考虑。

1. 社会公益活动策划的准备性工作

在着手进行社会公益活动策划之前，应首先做好以下两项准备工作。

（1）企业形象现状及原因的材料分析。它要求策划人员在进行策划之前，对策划所依据的材料进一次分析、审定。调查材料必须真实、可行，否则，再好的策划也不会取得成功。

（2）确定目标，这是社会公益活动策划的前提。社会公益活动的具体目标是同调查分析中所确认的问题密切相关。

2. 社会公益活动的对象选择

企业促销的具体目标不同，选择社会公益活动的对象也不一样。虽然社会公益活动总体上是以资助或赞助某一项活动为主要特征的，但是，社会公益活动的对象不同，其赞助的内容、形式、特点及效果也不同。下面就目前几种主要的社会公益性活动进行分析。

（1）赞助体育活动。现在提倡全民健身，各项体育赛事受到人民群众的喜爱，特别是一些国际性的体育盛会，超越国家、民族和文化的界限，万众瞩目。企业向这类活动提供赞助，可以迅速提高企业的知名度，扩大产品销售。健力宝正是靠赞助全运会、亚运会、奥运会等举世瞩目的大型体育运动扩大影响力。

（2）资助灾区。资助灾区，为灾区人民排忧解难是社会公益活动的一个重要内容。中国人素有"一方有难，八方支援"的传统美德，当灾情到来之际，企业能够适时地组织此项公关活动，就会极大地触动社会公众的情感心弦，使社会产生共鸣。

（3）赞助社会福利事业。企业对各种慈善事业、社会福利事业进行赞助，容易获得社会各界的普遍好感。科龙集团在江西革命老区进行的千万元扶贫行动，筹建"科龙村"，既促进了贫困地区的经济发展，又扩大了企业的社会影响。金利来、康佳、健力宝等企业，在这方面也均有出色表现。

（4）赞助文化教育事业。文化教育事业是一个国家的立国之本，中国人素来对资助文化教育事业的人和事迹称赞为"尊师重教，功泽三秦"。企业通过"希望工程"，设立教师或教学奖励基金等各种赞助活动，塑造企业注重民族大义和社会责任感的形象。这类公益性活动不是肤浅的，稍纵即逝的，它对企业的影响是深厚的。

3. 社会公益活动的运作技巧

虽然上述各种公益活动不会给企业带来直接经济效益，但是，在实施过程中，企业还是要运用各种有效的公共关系技巧，来扩大公益活动在社会上的影响。企业的公关技巧有几种：①举办隆重的赞助仪式，②新闻发布会，③传播传奇故事，④邀请社会名流进行评价。

我们以康佳为例。康佳在营销、公益活动等方面，将产品宣传融入形象之中，提高了广告、宣传的品位档次，把"康佳产品遍四方，售后服务到府上"作为企业理念的延伸，也是对广大用户的承诺，通过举办"康佳质量万里行"等大型活动来增进与用户之间的感情。另外，捐资在延安兴办"深圳康佳希望小学"，参加电视扶贫活动，树立良好的企业形象；开展"全国家电维修技术能手大赛"等，对潜在的市场起到导向作用。

康佳通过一系列活动来树立优良企业形象：康佳不仅生产销售高品质的彩电，还奉献一种优质的服务。在振兴民族经济的同时，还能回报社会，从而获得了消费者的广泛认同。最终使之感受到拥有康佳产品，不仅仅是领略清晰的画面、悦耳的声音等高科技，同时享有品牌文化附加值所带来的满足和自豪（见图4.4）。

图4.4 康佳"我的绿色宣言"活动

【康康佳佳植树大作战】

1、进入游戏，通关后可获得自己专属的爱心树一棵；
2、获得线下植树报名卡，填写资料，报名参加；
3、微博分享，获取线下植树报名卡，参与抽奖，每邀请一位好友参加可多获得一次抽奖机会；
4、每周评选出单次游戏积分最高的网友，将获得康佳智能电视一台；

图4.4　康佳"我的绿色宣言"活动（续）

总之，企业在开始社会公益活动运作时，可以采取各种技巧和方式，扩大影响，以此震撼社会公众，从而使社会公益活动形象生动。

实践与练习

1. 单元训练和拓展——企业行为识别案例分析与策划

壮智凌云 和享先机—中国移动重磅推出移动云产品 打造共赢生态圈

文献来源：中国移动通信集团公司官方网站 发布时间：2014-06-12

图4.5 "壮智凌云 和享先机"—移动云产品发布会现场

6月12日，2014年亚洲移动通信博览会举办期间，中国移动"壮智凌云 和享先机"—移动云产品发布会在上海浦东香格里拉酒店举行。中国移动通信集团公司沙跃家副总裁出席发布会，并与在场150名客户代表、合作伙伴代表和媒体代表共同见证了这一重要时刻。

　　云计算一直是IT业界关注的焦点，云计算产业体系的高速发展正在引领新一轮的信息消费热潮。长期以来，中国移动积极参与云计算的研发和应用实践。经历三年的积累和努力后，正式推出"移动云"产品。

　　移动云具有可信赖、客户化、开放性三个明显特征。首先，移动云是可信赖的云服务，同时通过了可信云认证、ISO 27001/20000认证；其次，移动云是客户化的云服务，能够针对不同行业客户的特点和需求，提供个性化的解决方案；最后，移动云是开放性的云服务，汇聚产业链各方优势与力量，共同打造开放、丰富的云平台。移动云的优势在于：一是产品丰富，提供云化基础资源、开发环境、信息化应用等多层级、多类型产品；二是移动云产品拥有完全的自主知识产权，适合有特殊保密、安全要求的客户；三是行业经验丰富，可以对政府、金融、医疗、教育、互联网等领域单位提供个性化解决方案；如与教育部合作建设的"国家数字教育资源公共服务平台"，2012年上线以来，已经有超过96万学生、16万老师、6700所学校在线；四是多资源池布局，网络资源丰富，可根据客户在不同区域的业务重点和受众差异，提供服务全网的资源供给能力；五是移动云将开放电信能力，并和合作伙伴共享优势品牌、庞大的优质客户群体、丰富的营销渠道，实现开放共赢的商务模式。

　　本次移动云产品的正式发布，是中国移动长期以来在云计算产业领域的努力与积淀。中国移动将携手合作伙伴，实现优势共享、互利互惠、合作共赢，努力为广大客户提供优质的移动信息服务。

2. 课题内容——企业行为识别案例分析与策划

- 课题时间：8课时
- 教学方式：老师先给提示，结合中国移动云产品发布的案例进行分析，用本章所学知识来分析中国移动这一行为属于那种类别的行为识别，对于企业形象的提升起到哪些作用。并指导学生完成CIS设计项目的理念识别系统的策划。
- 教学要求：在任课教师的指导下，分组进行（延续上一次项目分组），结合知识点与之前的练习，对中国移动云产品发布进行分析，并对本组拟定的项目进行企业行为识别的策划设计。
- 要点提示：在了解了企业行为识别的内容和原则的基础上，结合项目小组讨论和课下调研，多方位的完成本次课题。
- 训练目的：借助此次课题的开展，在分组进行结合中国移动云产品发布的案例进行分析来加深学生对于企业行为识别的认识，完成小组项目的企业行为识别系统制定过程中提升学生的活动策划能力和推广能力。

3. 其他联系

　　教师可根据教学的侧重点，鼓励小组成员进行开放式的探讨和争论，加深学生对于本章知识点的认识，同时可以借助企业营销活动提案的方式开展各组之间的讨论，让学生在完成各自的提案的同时向其他组提问、纠错和提建议，以此提高学生的学习热情。

4. 理论思考

（1）请简述企业行为识别的内涵及特征。

（2）企业行为识别的内容包括哪些？

（3）行为系统建立的原则是什么？

5. 相关知识链接

（1）商业活动策划

参见：[美]谢伊·塞尔.策划人：商业活动策划与整合营销传播[M].李红怡，译.北京：中国人民大学出版社，2005.

（2）公共关系

参见：周安华.公共关系—理论、实务与技巧[M].北京：中国人民大学出版社，2013.

第5章 VI设计系统

本章要求与目标

通过理论联系实践教学使学生掌握VI设计系统的开发步骤、基本要素设计及应用要素设计，并完成基础及应用要素设计内容。

本章教学框架

VI设计系统
- VI设计系统开发步骤
- VI设计系统的基本要素设计
- 企业标准色
- 辅助图形
- VI设计系统的应用要素设计
- VI应用要素部分的版面编排设计

索尼镜头相机QX1广告：Go Smarter
【参考视频】

实施CI战略是企业信息传播的系统工程。企业的视觉识别系统（VI）将企业理念、企业价值观，通过静态、具体化、视觉化的传播系统，有组织、有计划和正确、准确、快捷地传达出去，并贯穿在企业的经营行为之中，使企业的精神、思想、经营方针、经营策略等主体性的内容，通过视觉表达的方式得以具象化。使社会公众能掌握企业的信息，产生认同感，进而达到企业识别的目的（图5.1）。

图5.1　Housh Mariam餐厅品牌视觉形象设计

一、VI设计系统的开发步骤

在设计开发过程中，从形象概念到设计概念，再从设计概念到视觉符号，是两个关键的阶段。这两个阶段把握好了，企业视觉传播的基础就具备了。

VI设计开发的程序，可按照以下步骤进行。

（1）制作设计开发委托书，委托设计机构，明确VI设计的开发目标、主旨、要点等。

（2）说明设计开发要领，依调查结果制订新方针。

（3）探讨企业标志要素概念与草图，即探讨拟定标志设计概念，再从构想出来的多数设计方案中，挑选几个代表性的标志草图。

（4）企业标志设计方案展现。

（5）选择并测试设计方案，对外界主要关系者、公司内部职员进行设计方案的意见调查，进而选定反映良好的作品。

（6）企业标志设计要素精致化。对选定的标志设计方案，进行精致化作业，造型上的润色，应用上的审视，以利于开发设计。

（7）展现基本要素和系统的提案。其他基本要素的开发可与标志要素精致化同时进行，将标志要素同其他基本设计要素之间的关系、用法、规定提出企划案。

（8）编辑基本设计要素和系统手册。

（9）企业标准应用系统项目的提案。进行展开应用设计，包括名片、文具类、招牌等，在此阶段建立应用设计系统。

（10）一般应用项目的设计开发。在上述阶段所开发设计的项目之外，按照开发应用计划，进行一般的应用设计项目设计开发。

（11）进行测试、打样。

（12）开始新设计的应用。

（13）编辑设计应用手册。

图5.2　BLVD视觉工作室品牌形象设计

二、VI设计系统的基本要素设计

（一）标志

1. 标志的内涵

标志的来历，可以追溯到上古时代的"图腾"。后来就作为战争和祭祀的标志。国家产生以后，又演变成国旗，国徽。到21世纪，公共标志、国际化标志开始在世界普及。随着社会经济、政治、科技、文化的飞跃发展，到现在，经过精心设计从而具有高度实用性和艺术性的标志，已被广泛应用于各领域，对人类社会的发展与进步发挥着巨大作用和影响。

因此，广义上的标志是一种图形传播符号，以精练的形象向人们表达一定含义，通过创造典型性的符号，传达特定的信息。在世界范围内，容易被人们理解、接受，并成为国际化的视觉语言。标志的应用范围大到国家，小至个人，涉及社会分工的各行各业。不同的标志代表着不同的事物，反映出不同的信息。不同标志也可显现出传统文化，民族风格，地域特征，时代精神等不同内涵的特有痕迹。狭义上的标志主要指企业标志，企业标志即从事生产经营活动的实体的标志，可分为企业自身的标志和商品标志。产品标志即企业所生产的产品的标志，又叫商标。

2. 标志的分类

标志主要包括徽标、商标和公共标识。

1）徽标（企业、社团、事物等标志）

徽标是由徽章演变而来，用符号图形来象征其使用者的身份标志，如国徽、军徽、团体徽记、纪念性和活动性徽标等。使人们树立某种理念意识，并庄重表示某些行为特征和气势氛围，成为具有特殊内涵的符号形象。

设计要求：①象征性，②识别性，③易复制性。

2）商标

商标是商品的标记，是品牌形象中的视觉核心，并广泛应用于商业领域，成为具有商用价值的标志。商标是企业的无形资产，是企业形象、商品质量和信誉的保证。同时又是企业走向市场参与竞争的有力武器，具有商业目的和商业价值功能（图5.3）。

设计要求：

①传达信息：表现产品内在质量、特点，具有沟通供销之间的媒介，为产品建立信誉创造条件。

②独特性：是产生吸引力的主要艺术语言，具有视觉上的表现力，为产品的美化和广告宣传发挥作用。

③识别性：（独特简洁）能强烈从同类产品中区别和易于远距离识别。

④易懂、易记、易复制。

3）公共标识

公共标识是一种为人们的工作生活带来某种社会利益的符号，能方便人们的出行、交流。公共标识的意义和价值不同于企业标志，它是一种非商业行为的符号语言，存在于生活的各个角落，为人类社会造就了无形价值。

公共标识包括交通标识、部门标识、产品使用标识、质量标识、安全标识、运动标识、操作标识、场所标识、等级标识等。

设计原则：①易识别，②易理解，③易记忆。

3. 标志的特征

(1) 功用性：不仅美观，还要实用。具有法律效应的标志具有维护自身权益的使命。

(2) 识别性：各具特色易于识别，显示事物自身特征，关系到根本利益，不能雷同。

(3) 准确性：无论寓意、象征，含义和表现手法必须准确。

(4) 显著性：具有吸引注意力的功能。

(5) 艺术性：以小见大，以少胜多，简练、生动，更有代表性。

(6) 领导性：标志是企业视觉传达要素的核心，在视觉识别系统（VI）中，标志是必要设计要素，是VI设计系统的灵魂。

（7）系统性：标志确定后，展开系统化作业，包括基本要素组合、辅助色等相应设计，强化企业系统化的精神。

（8）同一性：标志一经确定，样式不允许随意更改，否则会降低消费者对企业的信任，对企业和产品产生负面影响。

（9）多样性：设计题材丰富，如中英文字体、具象图案、抽象符号等，因为形式多样，标志显得更加生动多样化。

（10）时代性：标志符合时代要求。

（11）延展性：适用于各种传播媒体。

（12）长久性：不同于广告、宣传品，有长期使用价值，不轻易改动。

图5.3　茗香居茶品品牌标志设计/滕航/指导教师：刘成瑜

4.标志设计作业流程

1）意念开发

将企业规模、品牌印象、经营内容、产品特色、技术层面、服务性质等特性逐一地进行分析后，从标志设计的主题素材中寻找方向。

2）方案选择

在汇总大量的标志设计方案后，应从中选择能代表企业精神、表达经营实态和发展方向的方案进行深入的垂直培育。

3）细部调整

（1）标志的制图法。

（2）标志尺寸的扩大与缩小。

（3）标志的变体设计。

（4）标志与基本要素的组合规定。

5.标志的创意角度分类

从艺术形式（与自然物的贴近程度）的角度来分类可将标志分为以下几种。

1）具象化标志

一个具体形象表达特定含义，其优点是易识别、易记、有趣、便于语言传达、以动物，植物、景物等客观形象进行加工变化，可以给人以直观的感觉。形象的图形能更好地象征某类事物（图5.4）。缺点为表现受限制，为实象所限。

兰博基尼50周年纪念版广告
【参考视频】

图5.4　兰博基尼汽车标志

(1) 概括表现客体。删除一切可能被省略的细节，对最能显示对象特征的角度作高度概括的处理。

(2) 写实再现客体。即，对客体形态特征，做真实性描写的表现。

(3) 由实象到几何。即，将具象的元素抽象化，或在限定的图形元素中"构成"形象。

(4) 由几何求实象。即，将抽象的元素具象化（决定外轮廓，或先决定框形），类似于适形造型。

设计提示：

(1) 技巧表现：归纳、平涂、单线、双线、几何造型（直线形、弧线型、直线弧角、木刻造型、装饰造型、影像均可）。

(2) 造型氛围：标志设计要有趣，强调气势，并有寓意（如公司的历史），直接（直接表现公司的性质，如花店用花的造型、鞋店用鞋的造型等），传统（表现民风与传承）。

2) 抽象化标志

以抽象造型表达特定含义，在标志设计过程中、形象或字母的表现有时象征的范围较狭窄，当其形象或字母不足以表现其精神与面貌时，可采用富有象征性的抽象图案。

成功的抽象化标志，总能展现某种明确而又清晰的"视觉力结构"，并通过这种结构，去解释商品的独特性质。大通银行的标志就是一个很好的例子（图5.5），它的内框是一个正方形，外框则是一个八边形，这种以中心为对称的图形，给人一种镇定自若、紧凑连贯和稳健可靠的感觉。它四周严密似乎由大块的坚固石块砌成，好像一座壁垒森严的工事。同时，此标志还显示着有自己的奋斗目标和方向，因为它包含着每一个部分的顶部是尖利的，看上去蕴含着能动的力量。但这种力量又是处在一种稳定的和无方向性的构架之中。当所有这些部分结合为一体时，各个部分之间的运动力便相互抵消和相互补偿，最终成为一个富有活力的静止体。

图5.5　美国大通银行标志

运用点、线、面组成的几何图形可以直接或间接地表现企业或产品的内涵。对于没有具象性的产品，运用几何图形，有时会比具象的形象更能反映事物的特征，给人以想象的空间。抽象形态的造型其特点为富于象征性，造型强调几何化，缺点是造型含义有时令人难以了解，设计的根据过于广泛，一个抽象的几何图形或符号并没有具体的含义，但运用到设计中却可暗示各种事物。

(1) 设计提示：

①要深入了解对象，把握典型，找出其象征性的造型及其可能性；

②合理夸张，使对象富有生气。造型的象征表现与受众的了解及认知相吻合；

③造型与结构在使用时与各种应用环境组合考虑；

④组合情趣，利用两种以上的图形组合，创造出富有情趣的场景。

（2）设计提示：

①造型元素以几何形的基本型为主，如圆、方、角的形状，线条等；

②有时可采用无机形或其他形象，如各种符号、箭头、数字、字母等。

按照标志设计的主题素材分类，可将标志分为以下几种。

1）全名文字标志

全名文字标志具有视听同步的优点，能完整而准确地传达企业或品牌印象，但如果文字过多就会影响标志的识别效果。设计师可以通过其中个别字的差异性来创造视觉焦点，增加长排字体的可读性（图5.6）。

图5.6　健伍公司的企业标志

2）字首文字标志

单字首、双字首的字首文字标志造型简洁，标识性强。日本著名的大荣株式会社，为寻求一个能对应其商品个性、形状、图案，而且能让消费者产生信赖感、安全感及亲近感的表象符号作标志，邀请了国内外著名设计师进行设计竞赛，最后方案采用了企业名称的字首字母"D"的表象符号作为标志（图5.7）。

图5.7　大荣株式会社的企业标志

3）组合文字标志

以企业、品牌名称与字首组合的文字标志比较常见。如美国柯达公司的早期标志，取字首"K"字母为基本形，同时将既是企业名称又是品牌名称的"Kodak"，嵌入其中，既求取了单纯字首强烈的视觉冲击力，又兼顾了全名文字标志视听同步的说明性优点，即发挥了倍数相乘的诉求效果（图5.8）。

图5.8　柯达公司的早期企业标志

4）图形标志

图形标志生动、直观、识别性强、易于克服语言障碍，为不同阶层、不同文化背景、不同年龄的人所共同接受与认同。具象图形标

柯达公司VI设计手册
【图片案例】

志多借助于具象形态令人产生联想,传达企业的经营理念。抽象图形标志中既有表现理念思考的几何抽象形,又有体现人类智慧与情趣的夸张抽象形(图5.9)。

5)组合标志

组合标志是以文字、图形的相互组合而构成的标志类型。它集文字标志和图形标志之长,兼有文字的说明性和图形的直观性特点,易识易记,为社会公众广泛接受。如图5.10所示的可口可乐公司的企业标志就是组合标志的典型代表。

按照标志设计的造型要素分类,可将标志分为以下几种。

1)以点为造型要素

点是线的端点或线的交叉。在图形学中点是一切形态的基本单位。单一的点具有凝固视线的效果,两个以上的点会产生动感,大小不同的点可构成不同特色和不同深度的空间感,而点的连续又会产生节奏、韵律和方向。如果将点做成有规律的间隔构成,还会产生线或面的视觉效果(图5.11)。

2)以线为造型要素

线是点移动的轨迹,又是面的界限或面的交叉。线以长度为其造型特征,本身具有力度感和运动感。直线具有方向线的指引,易产生庄严、坚强、稳重之感;曲线表示变化和运动,容易表现转折、弯曲、柔软等特性;斜线具有向上、积极、飞跃之感等(图5.12)。

3)以面为造型要素

面是具备二次元的造型要素。它可以是线移动而成的面,是点扩大而成的面,是线宽增大而成的面,亦可以是点密集而成的面,是线集合而成的面,是线条环绕而成的面等。由几何组合成的面,具有单纯、明快、简洁的审美特征,由非几何形合成的面具有纯朴、自然的情感特征(图5.13)。

图5.9　奥迪汽车公司的企业标志

图5.10　可口可乐公司的企业标志

图5.11　味全公司的企业标志

图5.12　纯羊毛标志

奥迪Q5创意广告
【参考视频】

图5.13　百事可乐公司新标志

4）以体为造型要素

体是利用透视原理，将平面造型转化为三维空间的幻象表现。在转化过程中原有单纯的标志图案可以产生立体空间的实在感与压迫感，形成强烈的视觉诉求效果。这样的标志，可是题材本身的转折、相交、组合而构成的立体感，也可是在题材的侧面通过阴影处理制造厚度和进深来产生立体感（图5.14）。

图5.14　福星惠誉企业标志

6.标志设计的发展趋势

标志设计的色彩造型和思想理念上经历过一些重大的变革，其主要发展方向有以下两个方面。

1）形象上

（1）由复杂向简约的过渡。

（2）由散乱向标准的过渡。

（3）由具象向抽象的过渡。

（4）由仅用于商品包装或企业本身向可延展至整套企业视觉识别系统的过渡。

2）意义上

（1）由仅为标识和美观作用层面向体现企业内涵层面过渡。

（2）由仅为销售商品强化形象作用层面向推销企业理念层面过渡（图 5.15）。

图5.15　ISD巴西Roger Oddone品牌形象设计

（二）企业标准字

1. 企业标准字体的内涵

企业标准字体是指经过设计的专用以表现企业名称或品牌的字体。标准字体设计，包括企业名称标准字和品牌标准字的设计。企业标准字是将企业名称，企业商标名称略称，活动主题，广告语等进行整体组合而成的字体。

标准字体是企业形象识别系统中基本要素之一，应用广泛，常与标志联系在一起，具有明确的说明性，可直接将企业或品牌传达给观众，强化企业形象与品牌的诉求力，其设计的重要性与标志具有同等重要性。

2. 企业标准字的种类

企业标准字分为以下几种。
（1）企业标准字（Corporate Logotype）。
（2）字体标志（Logo Mark）。
（3）品牌名称标准字（Brand Logotype）。
（4）产品名称标准字（Product Logotype）。
（5）活动标准字（Campaign Logotype）。
（6）标题标准字（Title Logotype）。

3. 标准字体设计前调查要点

由于标准字是CIS的基本要素之一，其设计成功与否与至关重要。当企业、公司、品牌确定后，在着手进行标准字体设计之前，应先实施调查工作，调查要点包括：①是否符合行业、产品的形象；②是否具有创新的风格、独特的形象；③是否能为商品购买者所喜好；④是否能表现企业的发展性与值得依赖感；⑤对字体造型要素加以分析。

将调查资料加以整理分析后，就可确定明确的设计方向。

4. 标准字设计原则

标准字设计原则有以下三方面。

1）易辨性原则

标准字要易于辨认，不能造成信息传达障碍。易于辨识的标准字体现在：一是要选用公众看得懂的字体；二是要避免与其他企业、其他品牌类似；三是字体的结构要清楚、线条要明晰，放大缩小都清楚。

2）艺术性原则

标准字应具有一种创新感、亲切感和美感，只有比例适当、结构合理、线条美观的文字。才能够让人看起来比较舒服。在标准字上加以具有象征、暗示、呼应的因素，可使标准字显出不同的意境。法国阿尔卡特的标准字"ALCATEL"将标准字中的第二个"A"用"▲"代替形成了独特的视觉效果（图5.16）。

图5.16　法国阿尔卡特标准字体

3）传达性原则

标准字是企业理念的载体，也是企业理念的外化，因此标准字的设计要能够在一定程度上传达企业的理念，而不能把设计作为孤立的事件，单纯追求形式上的东西。欧米茄手表一般都把"Ω"和"OMEGA"放在一起。单独一个"Ω"已经足够醒目，单独一个"OMEGA"也十分不错，将两个标志放在一起，消费者常常将"Ω"这个图形标志和"OMEGA"联系在一起，其效果明显好于单独宣传"OMEGA"（图5.17）。

图5.17　OMEGA标志

5. 企业标准字体的设计形式

标准字体的设计形式可划分为书法标准字体、装饰标准字体和英文标准字体的设计。

1）书法标准字体设计

书法是中国独特的艺术表现形式，既有艺术性，又有实用性。我国有些企业用名人、大家的题字作为企业名称或品牌的标准字体。

有些设计师尝试将品牌名称设计成书法字体，视觉效果突出，活泼、新颖、画面富有变化。但是，书法字体也会给视觉系统设计带来一定困难，首先是与商标图案是否协调，其次是否便于识别。

书法字体设计，是相对标准印刷字体而言，设计形式可分为两种：一种是针对名人题字进行调整编排，如中国银行（图5.18）、中国农业银行的标准字体。另一种是设计书法体或者说是装饰性的书法体，是为了突出视觉个性，特意描绘的字体，这种字体是以书法技巧为基础而设计的，介于书法和描绘之间（图5.19）。

图5.18　中国银行标准字体

中国国际航空公司广告【参考视频】

图5.19 中国国际航空公司标准字体

2）装饰字体设计

装饰字体在视觉识别系统中，具有美观大方、便于阅读和识别、应用范围广等优点。海尔、科龙的中文标准字体即属于这类装饰字体设计。

装饰字体是在基本字形的基础进行装饰、变化加工而成的。它的特征是在一定程度上摆脱了印刷字体的字形和笔画的约束，根据品牌或企业经营性质的需要进行设计，达到加强文字的精神含义和富于感染力的目的。

装饰字体表达的含意丰富多彩。如：细线构成的字体，容易使人联想到香水、化妆品之类的产品，圆厚柔滑的字体，常用于表现食品、饮料、洗涤用品等；而浑厚粗实的字体则常用于表现企业的实力强劲；而有棱角的字体，则易展示企业个性等。

总之，装饰字体设计离不开产品属性和企业经营性质，所有的设计手段都必须为企业形象的核心——标志服务。它运用夸张、明暗、增减笔画形象、装饰等手法，以丰富的想象力，重新构成字形，既加强文字的特征，又丰富了标准字体的内涵。同时，在设计过程中，不仅要求单个字形美观，还要使其与整体风格和谐统一，理念内涵和易读性统一，以便于信息传播（图5.20）。

  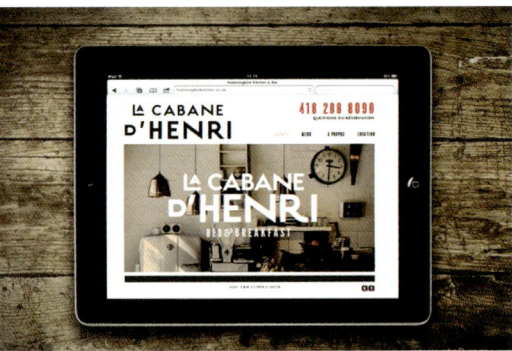

图5.20 LA CABANE D'HENRI 家庭式酒店视觉形象设计

3）英文标准字体设计

企业名称和品牌标准字体的设计，一般采用中英两种文字，以便同国际接轨。

英文字体（包括汉语拼音）的设计，与汉字设计一样，也可分为两种基本字体，即书法体和装饰体。书法体的设计虽然有个性、美观，但识别性差，用于标准字体的不常见，常见的情况是用于人名，或非常简短的商品名称。装饰字体的设计，应用范围非常广泛。

从设计的角度看，英文字体根据其形态特征和设计表现手法，大致可以分为四类：一是等线体，字形的特点几乎都是由相等的线条构成；二是书法体，字形的特点活泼自由、显示风格个性；三是装饰体，对各种字体进行装饰设计，变化加工，达到引人注目，富于感染力的艺术效果；四是光学体，是摄影特技和印刷用网纹技术原理构成（图5.21～图5.22）。

图5.21 文莱皇家航空企业标准字体设计

图5.22 CA Tarragona 艺术中心视觉形象

三、企业标准色

虎妞泥泥狗
VI 设计手册
【图片案例】

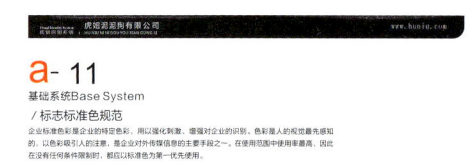

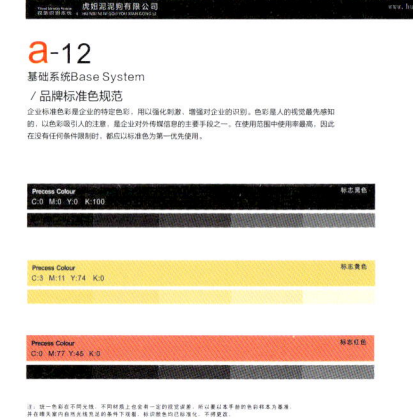

图5.23 虎妞泥泥狗标准色／学生作品/指导教师：刘成瑜

企业标准色，是指企业通过色彩的视知觉传达，设定反映企业独特的精神理念、组织机构、营运内容、市场营销与风格面貌的色彩（图5.23）。

1. 标准色的开发设定过程

标准色的开发设定分为以下五个阶段。

1）调查分析阶段

调查分析分为以下7个阶段。

（1）企业现有标准色的使用情况分析。

（2）公众对企业现有标准色的认识情况分析。

（3）竞争企业标准色的使用情况分析。

（4）公众对竞争企业标准色的认识情况分析。

（5）企业性质与标准色的关系分析。

（6）市场对企业标准色期望分析。

（7）宗教，民族，区域习惯等忌讳色彩分析。

2）概念设定阶段

概念设定阶段对颜色的分析。

（1）积极的，健康的，温暖的（如红色）；

（2）和谐的，温情的，任性的（如橙色）；

（3）明快的，希望的，轻薄的（如黄色）；

（4）成长的，和平的，清新的（如绿色）；

（5）诚信的，理智的，消极的（如蓝色）；

（6）高贵的，细腻的，神秘的（如紫色）；

（7）厚重的，古典的，恐怖的（如黑色）；

(8) 洁净的，神圣的，苍白的（如白色）；

(9) 平凡的，谦和的，中性的（如灰色）。

3) 色彩形象阶段

通过对企业形象概念及相对应的色彩概念和关键语的设定，进一步确立相应的色彩形象表现系统。

4) 模拟测试阶段

模拟测试分为以下三个阶段。

(1) 色彩具体物的联想，抽象感情的联想及嗜好等心理性调查。

(2) 色彩视知觉，记忆度，注目性等生理性的效果测试。

(3) 色彩在实施制作中，需对技术、材质、经济等因素进行分析评估。

5) 色彩管理阶段

本阶段主要是对企业标准色的使用，作出数值化的规范，如标准色符号、印刷色数值、对不同材质制作的标准色进行审定；对印刷品打样进行色彩校正；对商品色彩进行评估；其他使用情况的资料收集与整理等。

2. 企业标准色的制定原则

标准色设计尽可能单纯、明快，以最少的色彩表现最多的含义，达到精准地传达企业信息的目的。其设计理念应该符合如下原则。

(1) 标准色设计应体现企业的经营理念和产品的特性，选择适合于该企业形象的色彩，表现企业的生产技术性和产品的内容实质。

(2) 突出竞争企业之间的差异性。

(3) 标准色设计应适合消费心理。

(4) 设定企业标准色，除了实施全面的展开、加强运用，以求取得视觉统合效果以外，还需要制订严格的管理办法进行管理。

3. 主要色相的心理分析

1) 红色

红色是一种引人注目的色彩。对人的感觉器官有强烈的刺激作用，能加速血液循环，可用来传达热情、活力、温暖等形象和精神。

2) 橙色

橙色也是对视觉器官刺激比较强烈的色彩。橙色既有红色的热情，又有黄色的光明、活泼的性格，是人们普遍喜爱的色彩；例如救生衣、环卫工人工作服等常用此色。

3) 黄色

黄色是亮度最高的颜色。给人以光明、自信的感觉，尤其在低明度色彩或其补色的衬托下，十分醒目。在中国古代，黄色象征着权力、财富。

4) 绿色

绿色为植物的色彩，视觉感受较舒适，充满活力、朝气蓬勃。绿色象征着希望、生长、活力、生机，并且具有缓解疲劳的作用。

5) 蓝色

蓝色会使人想到海洋、天空，湛蓝而广阔。蓝色给人以冷静、智慧、深远的感受。当人们心情烦躁时，蓝色使人平静。

6）紫色

紫色属于中性色彩，给人以压迫感，非常神秘具有女性气质。

7）黑色

黑色是无彩色，是明度最低的颜色。因此给人留下神秘、黑暗、死亡、恐怖、庄严的印象。黑色是消极色，单独使用的概率很低。黑色在心理上是很特殊的颜色，它本身无刺激性，但与其他颜色配合能增加刺激性。

8）白色

白色也是无彩色，是明度最高的颜色。给人以纯洁、干净的感觉，与任何颜色都可以搭配。

9）灰色

灰色介于黑色和白色之间，是无彩色（无任何色彩倾向的灰）。灰色是全色相，是没有纯度的中性色。注目性很低，人的视觉最适应看的配色的总和为中性灰色。所以，灰色很重要，但很少单独使用。灰色很顺从，与其他色彩配合均可取得较好的视觉效果（图5.24～图5.26）。

图5.24 中国联通企业标准色

图5.25 中国联通标准色及辅助标准色

图5.26 多伦多电影制片公司 视觉形象及标准色运用

四、辅助图形

辅助图形是企业识别系统中的辅助性视觉要素,它包括企业造型、象征图案和版面编排三个方面的设计。

(一)吉祥物

吉祥物是为了强化突出企业或机构特征,而设计的漫画式人物、动物、植物、风景或其他非生命物等,作为企业机构的具体象征。

19世纪末,法国米其林轮胎人必比登诞生,其创意来自于1898年里昂的一次展览会上,米其林兄弟发现墙角一堆直径大小不同的轮胎很像人的形状,不久,画家欧家洛就根据那堆轮胎的样子创造了一个由许多轮胎组成的特别人物造型。历经百年的演绎,1990年,"吉祥物"一词才确定下来,现在几乎已取代了"企业造型"的称谓。

肯德基广告:时光
【参考视频】

1. 吉祥物设计的依据

1)故事性

从家喻户晓的童话故事、民间传说和典故中,选择符合经营观念和服务特色并有个性特征的对象作为吉祥物。

2)历史性

基于人类的怀旧心理,可以选择企业或行业创始者(图5.27)、文物作为企业的造型。

3)材料性

即以企业生产产品的材料或产品的内容作为企业吉祥物的题材,形象而具体地说明企业的经营内容(图5.28)。

4)动植物的特点、习惯

企业可根据自己的特点、性格、品牌印象、产品特点等从动植物中选择符合其精神表现的吉祥物题材(图5.29)。

图5.27 肯德基上校

图5.28 米其林轮胎公司的轮胎人

图5.29 虎妞泥泥狗吉祥物/牛运飞/指导教师:刘成瑜

5）融合性

企业或机构可根据自己的特点、品牌印象、产品特点等选择符合其精神表现的融合性吉祥物题材（图5.30和图5.31）。

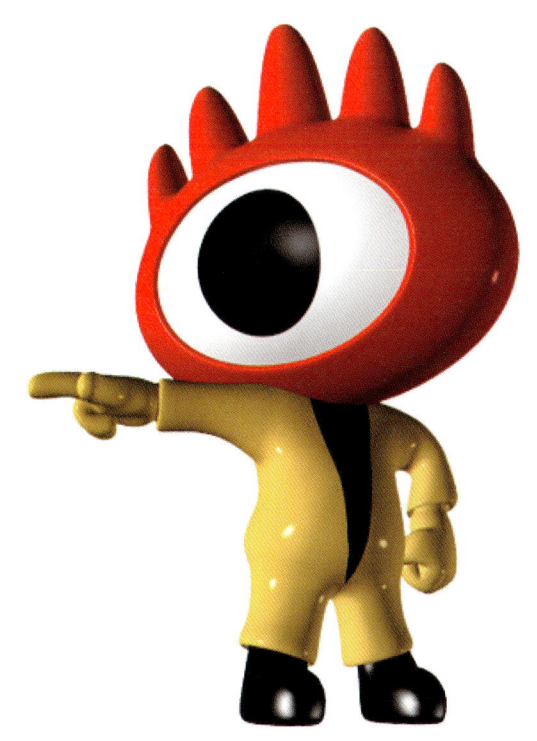

图5.30　新浪网吉祥物——小浪

2. 企业造型的应用

企业造型多应用于以下四方面：

（1）二维媒体，如印刷品等。

（2）三维媒体，如影视媒体。

（3）户外广告和POP广告等，如路牌、车体。

（4）企业公关物品和商品包装，如赠品等。

（二）企业象征图案

象征图案不是纯装饰的图案，是企业基本视觉要素的拓展联系，补充企业标志、标准字等基础要素在应用项目和传播媒体中的适应性。

企业象征图案的设计题材有以下两种：（1）以企业标志的造型为开发母体。（2）以企业标志或企业理念的意义为开发母体。具体见图5.32和图5.33。

图5.31 七喜品牌吉祥物——七喜小子

图5.32 西班牙阿维拉（Avila）品牌形象及辅助图形的运用

图5.33　西班牙阿维拉（Avila）品牌形象及辅助图形的运用（续）

（三）VI基本要素部分的版面编排

一般的版面包括天头、版心、地脚三大部分，编排的内容要素包括视觉识别系统中的基本要素组合，正文（文字和图），企业造型等，它们处于版面的不同位置。

版面编排常用两种方式表示其结构：直接标示法、符号标志法。

企业视觉识别基本要素的组合方式：根据具体媒体的规格与排列方向而设计的横排、竖排、大小、方向等不同形式的组合方式。

1. 基本要素组合的内容

企业视觉识别基本要素组合的内容包括：一是使目标从其背景或周围要素中脱离出来，而设定的空间最小规定值。二是企业标志同其他要素之间的比例尺寸，间距方向，位置关系等。

企业标志同其他要素的组合方式，有以下几种：①标志同企业中文名称或略称的组合；②标志同品牌名称的组合；③标志同企业英文名称全称或略称的组合；④标志同企业名称或品牌名称及企业选型的组合；⑤标志同企业名称或品牌名称及企业宣传口号，广告语等的组合；⑥标志同企业名称及地址，电话号码等资讯的组合。

2. 禁止组合的情况

禁止组合的情况包括以下4种。

①在规范的组合上增加其他造型符号。

②规范组合中的基本要素的大小，广告，色彩，位置等发生变换。

③基本要素被进行规范以外的处理，如标志加框、立体化、网线化等。

④规范组合被进行字距，字体变形，压扁，斜向等改变。

3.专用字体

专用字体包括现有标准字体和指定字体。

（1）标准字体：多用于企业名称、商品名称、商标名称等。

（2）指定字体：常用于部门名称，设施名称，分支机构名称及其地址，广告内容，正式文书等。

设计选择专用字体应注意如下事项。

（1）调查整理专用字体的使用范围，使用目的，使用状况等。

（2）选用指定字体，应考虑与标志和标准字体等基本要素的风格相协调。

（3）所选字体的种类及文字的组合形态、方法应有一定的规律，并形成具有可读性的、再现性的、识别性的文字系统（图5.34～图5.48）。

图5.34 中国联通公司VI手册封面

中国联通广告：创新改变未来
【参考视频】

基础系统/基本元素

A

A-1-01 公司标识内涵诠释
A-1-02 标识方格坐标制图
A-1-03 标识网格制图规范
A-1-04 公司标识的阴阳图样
A-1-05 标识与其它因素的分离及最小比例规范
A-1-06 标识的色彩规范
A-1-07 标识的辅助色
A-1-08 标识在色彩环境中的应用说明
A-1-09 标识在明度背景中的应用说明
A-1-10 标识繁体组合规范
A-1-11 企业标准色与辅助色
A-1-12 企业专用印刷中文字体
A-1-13 企业专用印刷英文字体
A-1-14 企业简称中文字体
A-1-15 企业简称英文字体
A-1-16 企业全称中文字体
A-1-17 企业全称英文字体

图5.35　中国联通公司VI手册基础部分目录页

基本元素/标识结构规范
公司标识内涵诠释

公司标识是公司视觉识别系统的核心，是公司特定发展阶段企业精神的凝聚，它将直接影响并指导企业下一步发展。

中国联通标识在继承的基础上，在色彩和结构上大胆引入全新理念，更加突现了中国联通创新、时尚、活力的品牌形象。

■ 标识主色彩采用传统的中国红、水墨黑

中国红
国旗色，代表热情、奔放、有活力，是中国情结中最具代表性的颜色。象征快乐与好运的红色增加了企业形象的亲和力，并给人以强烈的视觉冲击感。与活力、创新、时尚的企业品牌定位相吻合。

水墨黑
最具包容与凝聚力、稳重与高贵的颜色。红色和黑色搭配具有稳定、和谐与张力的视觉美感。

■ 标识的外观构成
红色双"i"上下相连，宛若两个简笔小人在随时沟通，灵气呈现，是凸现"让一切自由连通"的品牌精神的点睛之笔。

同时竖式组合又巧妙地构成或吉祥结的造型，再次强化了联通在客户心目中吉祥、幸福的形象。

■ 标识蕴含的理念：
"i"汉语发音为"爱"，充分阐述了"心心相连，息息相通"的品牌理念。

"i"英文释义为"我-i"、"信息-information"，恰恰满足我们"以客户为中心"的营销模式，以及"向客户提供一体化的通信与信息服务"的品牌营销总体思路。

英文改为小写，摒弃了大写字母的威严、冷峻感，更显其活跃感与亲和力。

图5.36　中国联通公司VI手册基础部分标志内涵诠释页

图5.37　中国联通公司VI手册基础部分标志方格坐标制图页

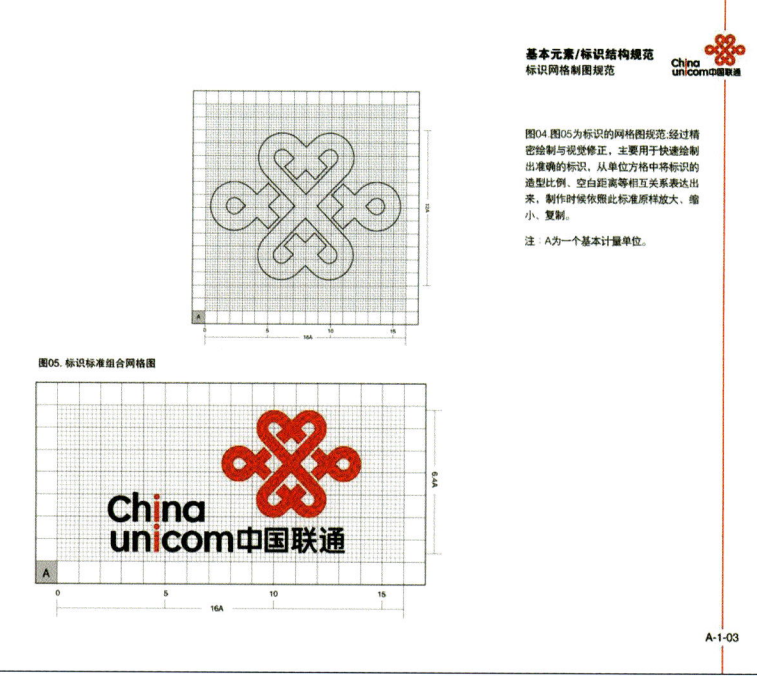

图5.38　中国联通公司VI手册基础部分网格制图规范页

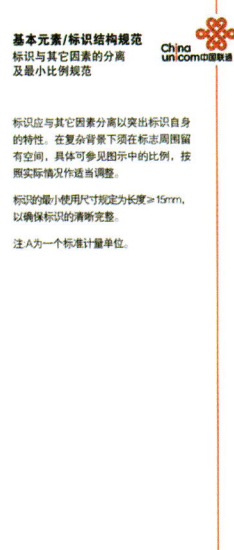

图5.39 中国联通标志与其他因素的分离及最小比例规范页

图5.40 中国联通公司VI手册的标志色彩规范页

图5.41　中国联通公司VI手册标志辅助色页

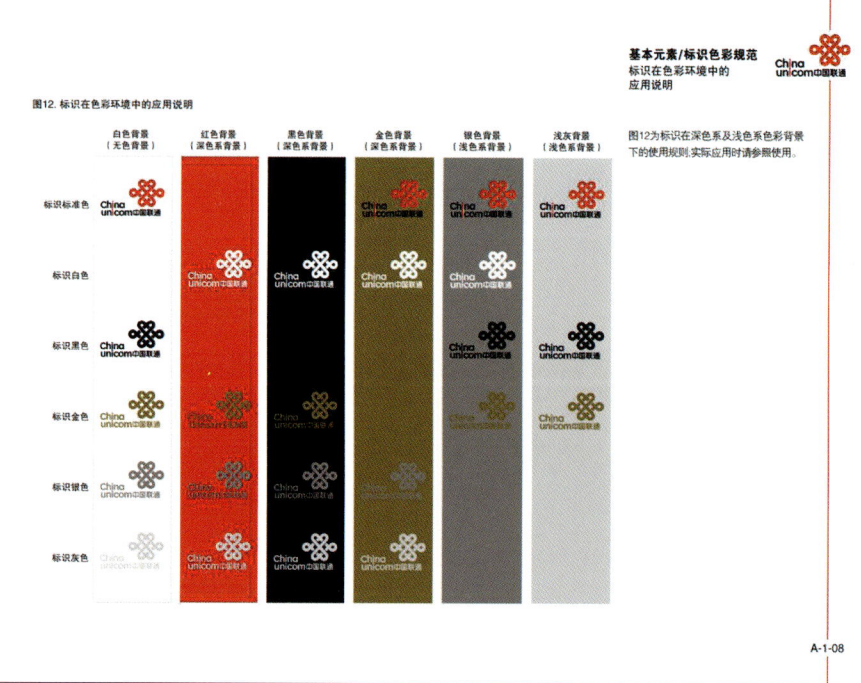

图5.42　中国联通标志在色彩环境中的应用说明页

图5.43 中国联通公司企业标准色与辅助色页

图5.44 中国联通公司企业标准字体（中文）页

图5.45 中国联通公司企业标准字体（英文）页

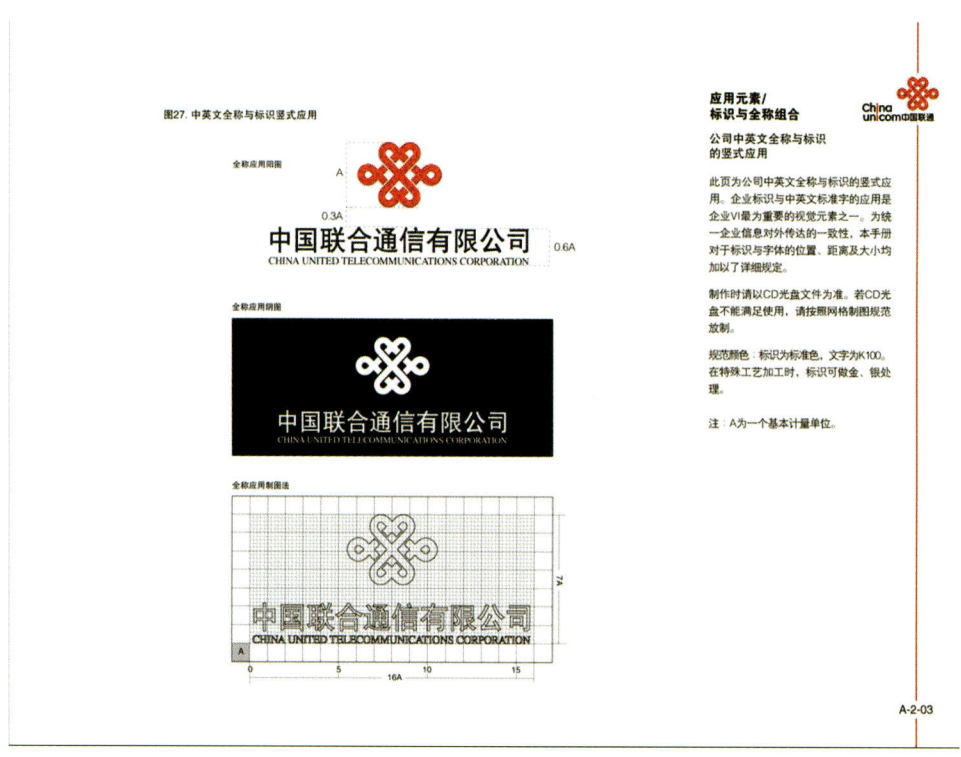

图5.46 中国联通公司标志与标准字体的竖式应用页

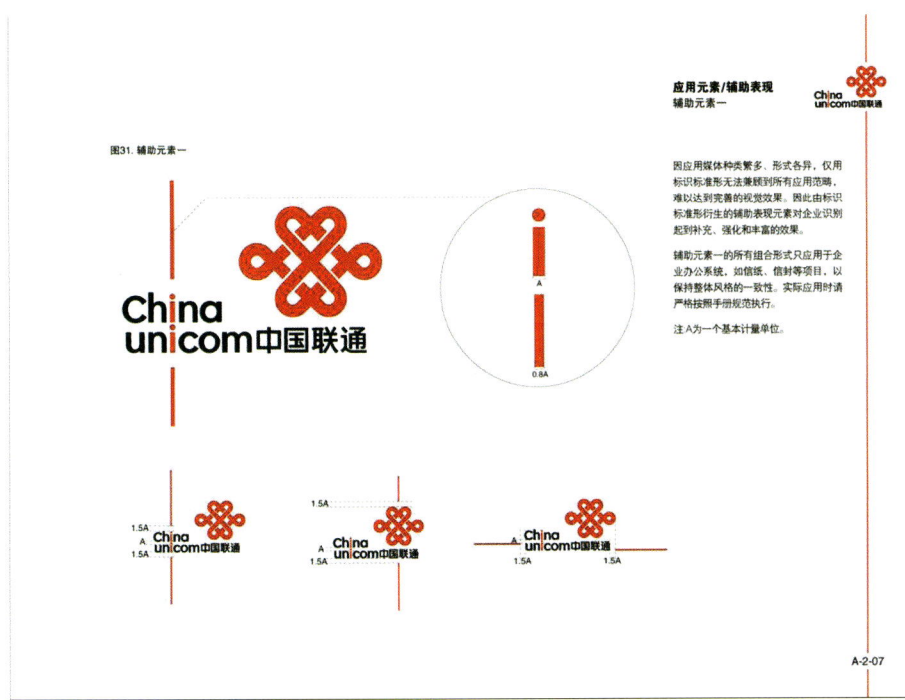

图5.47 中国联通公司辅助元素页

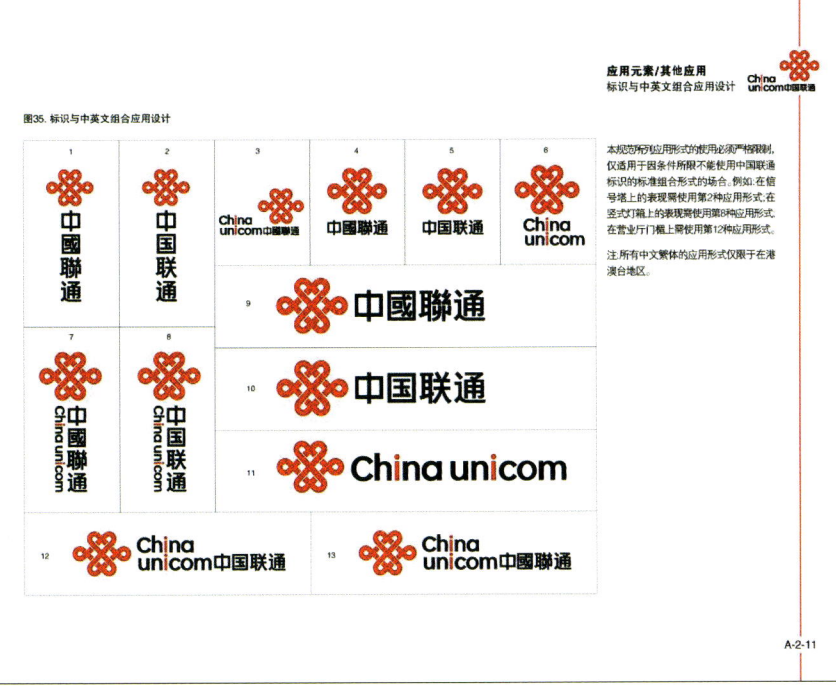

图5.48 中国联通公司标志与中英文组合应用页

实践与练习

单元训练和拓展——VI基础要素设计

1. 作品欣赏

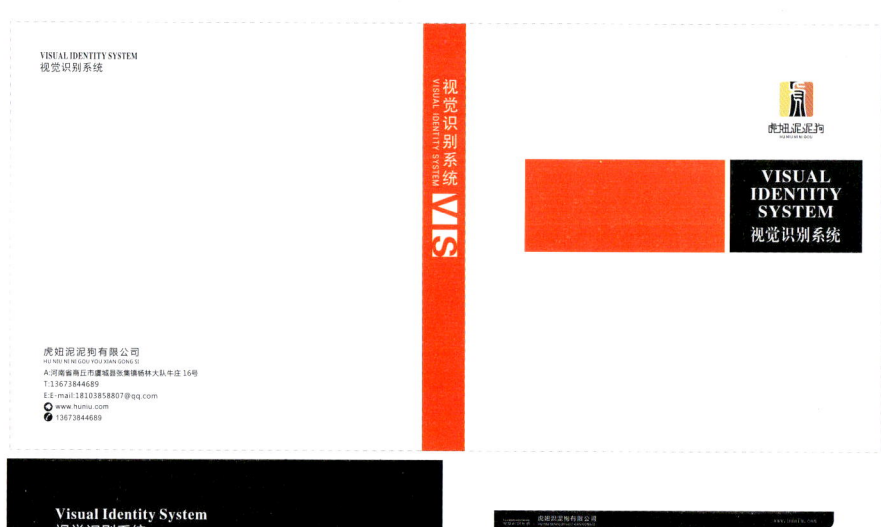

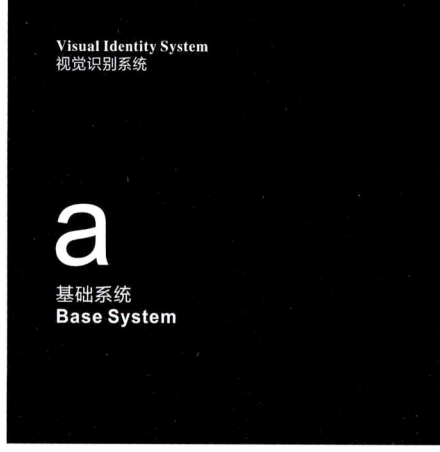

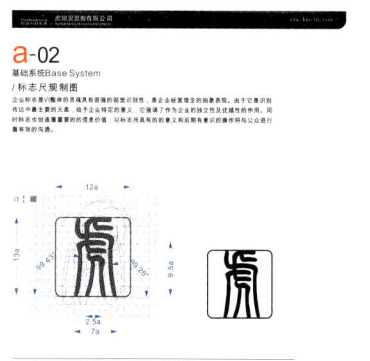

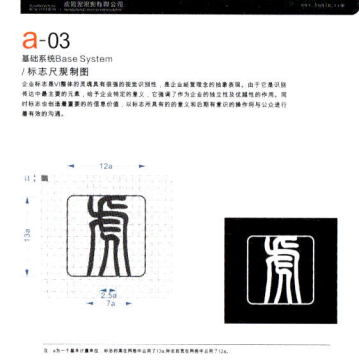

图5.49 虎妞泥泥狗VI基础要素设计/牛运飞/指导教师：刘成瑜

2. 课题内容——本组项目视觉识别基础要素设计

- 课题时间：8课时（课上时间为8课时，还需大量课余时间来进行设计制作。）
- 教学方式：老师先给提示，列举相关的案例进行分析，启发大家研究和讨论视觉识别基础要素设计的要点，并指导学生完成本组CIS设计项目视觉识别基础要素部分的设计制作。
- 教学要求：在任课教师的指导下，分组进行（2～4人为一组，延续之前的分组），结合知识点与之前的练习和本章的学习内容，对本组的选题进行视觉基础部分的探讨和深入实施。
- 要点提示：在了解和掌握VI设计系统的开发步骤及基本要素设计的基础上，结合小组方案讨论及筛选，深入研究并设计制作，完成本项目基本要素设计内容。
- 训练目的：借助此次课题的开展，让学生详细了解VI设计系统的开发步骤及基本要素设计的内容和设计方法，在分组进行方案筛选和设计制作过程中提高学生的鉴别能力和设计制作能力，同时，提高学生的沟通协作能力。

3. 其他联系

教师可根据教学的侧重点，鼓励小组成员之间或小组与小组之间进行开放式的对比和争论，加深学生对于本章知识点的认识。

4. 理论思考

（1）VI设计系统的开发步骤是什么？
（2）VI设计系统的基本要素有哪些？

5. 相关知识链接

1）品牌标志设计

参见：[美]谢梅耶夫，盖斯玛，哈维夫. 品牌标志设计[M]. 黎名蔚，译. 北京：北京美术摄影出版社，2014.

2）版式设计

参见：[美]伊拉姆. 网格系统与版式设计[M]. 王昊，译. 上海：上海人民美术出版社，2013.

五、VI设计系统的应用要素设计

基础系统的开发与设计若不能在应用系统上实施和推广，也就失去了企业形象识别传达的整合力量。

VI的应用系统一般包括：办公用品类，企业证件类，交通工具类，环境、招牌、标识类，大众传播广告、宣传品类，制服与服饰类，包装用品类等（图5.50）。

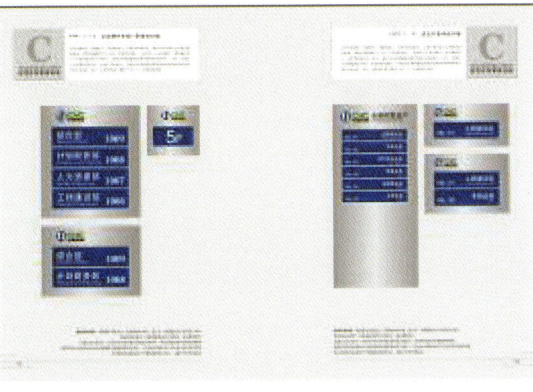
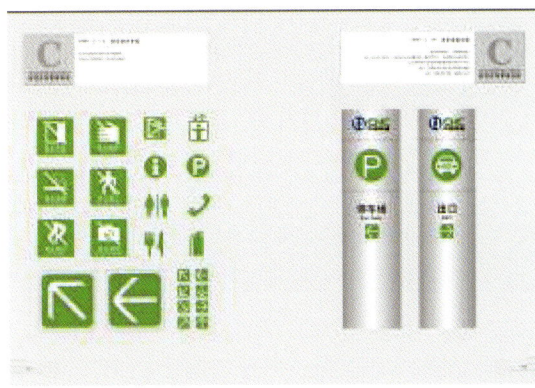
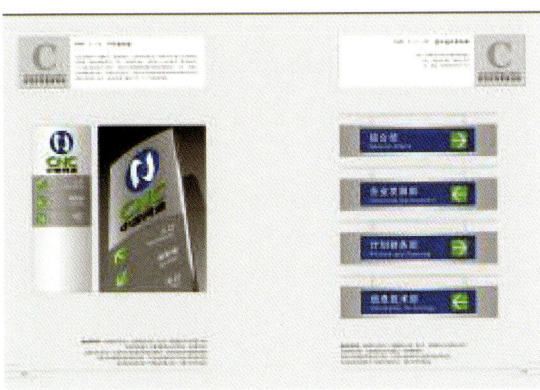
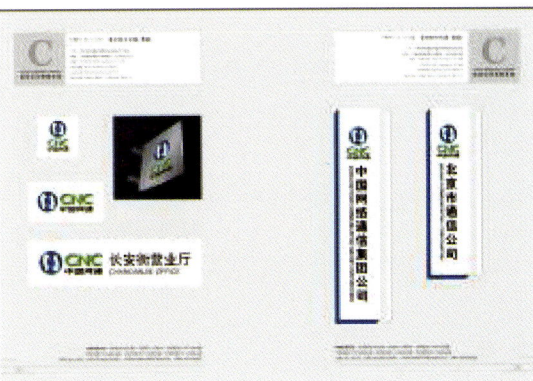
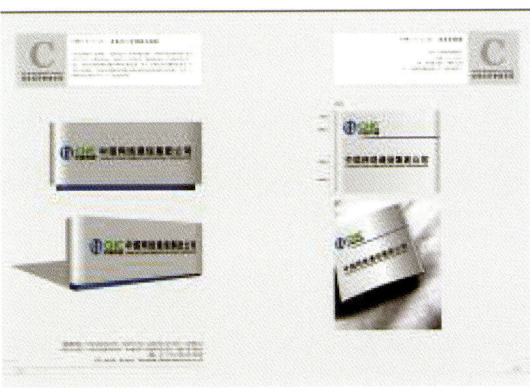
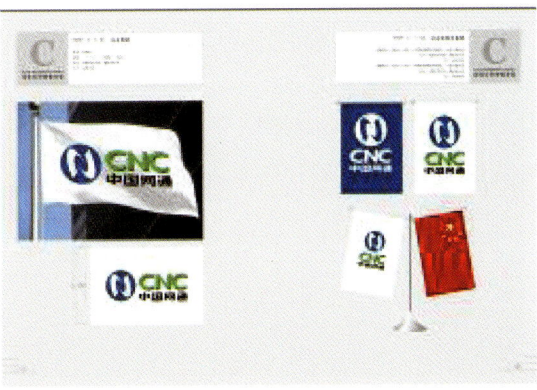
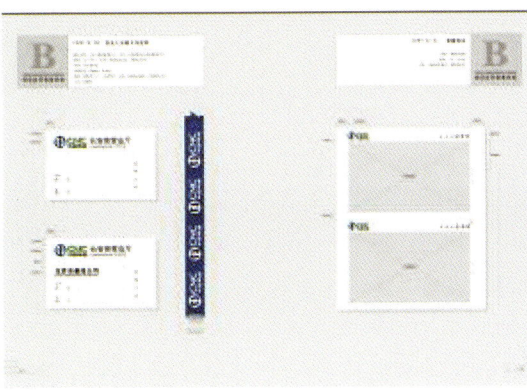
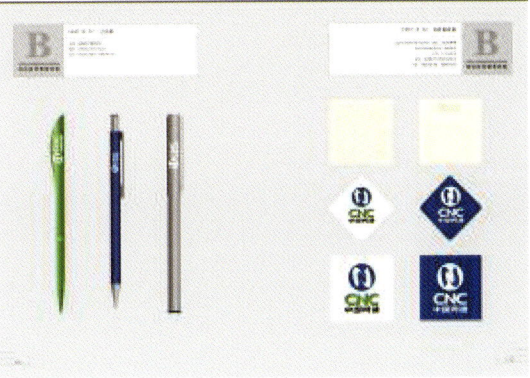

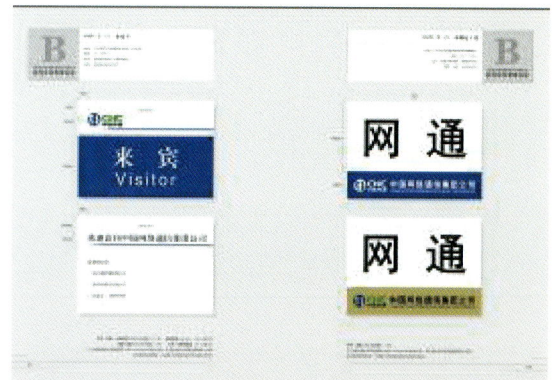
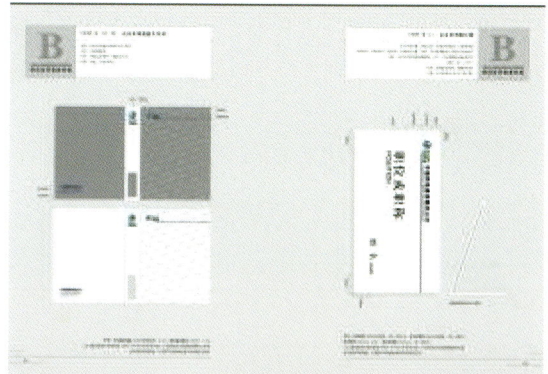
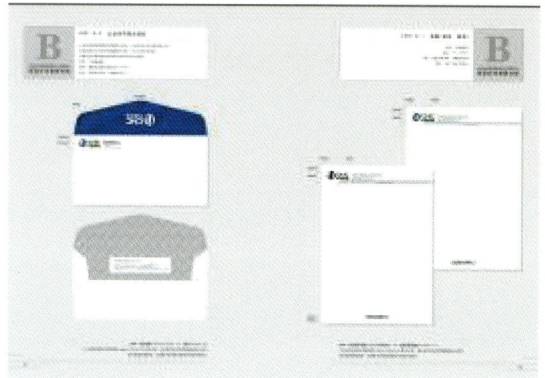
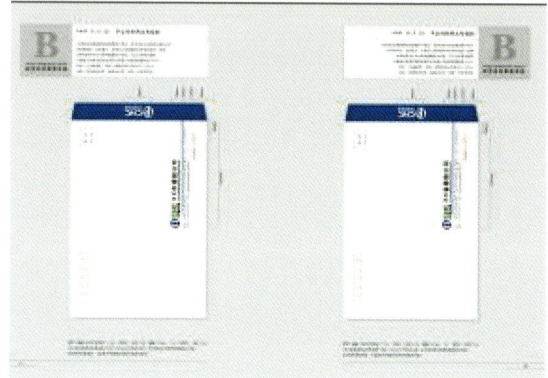

图5.50 中国网通VI手册应用要素设计

中国网通
VI手册应
用要素设计
【图片案例】

在应用系统的开发与设计中，可依据各企业自身的需要决定应用项目的要素，应用项目要素亦可称为派生项目要素或辅助项目要素，种类较多，因应用系统涵盖面广，涉猎的领域繁复，每一个都可独立成为一个学科，下面仅就分类里一些常用的项目做简单介绍，仅供参考。

1. 办公文具类

办公文具类包括信纸、信封、便笺、文稿纸、传真纸、明信片、文件袋（夹）、介绍信、贺卡、请柬、办公用笔、公司专用笔记本、企业印鉴等，是企业对外的媒介。这些项目应将企业的基本信息传达明确，如企业标志、中英文名称、标准色、联系方式及辅助图形和辅助色等。

要将这类办公用品设计好必须了解各种用品的用途和规格，从要素编排、色彩、纸张材质、印刷方式等入手，在逐一设计时应有一个统一的编排格调，形成一定的整体系列感，使这类用品除了自身的实用功能外，还起到有效的宣传媒介作用，加强企业整体形象的识别，而贺卡、请柬、明信片等礼仪性用品设计则可相对活跃些。

以信封与信纸为例：

（1）信封与信纸的尺寸规格：各国各地区习惯的尺寸规格各不相同，信纸一般为A4大小，信封的种类和规格则较多。

（2）信纸设计：配合书信的标准格式，在适当的位置编排企业的名称、标志、地址、邮编、电话、传真、网址等。

（3）标准信封设计：有一定的编排规范，一般配合收信人姓名与地址的位置，编排发信企业的名称、标志及回邮地址，国内一般在信封的右上角预留位置贴邮票，左上角预设邮编红色方框。

（4）特殊信封一般不通过邮局递送，设计上应配合用途进行设计，并与整体风格协调一致。

2. 企业证件类

企业证件类指用于识别企业员工身份和展示企业形象的项目，如工作证、名片、徽章、胸卡、吊牌等；也包括企业旗帜，如桌旗、吊旗、挂旗等。

以名片为例，小小的一张名片是企业员工对外表明身份的媒介，虽是个人身份的标示，却也从一个侧面传达了相当多的企业信息，甚至可以窥见企业风貌和精神。

名片的基本内容一般包括企业的名称、标志、标准字、标准色、地址、邮编、电话、传真、网址及员工个人信息（姓名，职务、部门和联系方式如电话、手机、E-mail等），有些也可附加诸如企业的经营业务、企业标语等内容。

编排格式及组合关系应依据企业形象设计的统一格调编排，名片的规格有单面、双面和翻页，尺寸一般以55mm×90mm较常用，也有其他大小尺寸，以方便收集于名片夹、名片簿为宜。

3. 交通工具类

交通工具类包括飞机、船舶、汽车等各类交通工具的外观设计及相关附属设施，如飞机的登机梯、乘客的各种用具、座椅靠垫等。

以车体广告为例：

依据基础设计要素的组合限定，结合不同车型的外观，突出表现企业标志、标准字、标准色、企业造型等。由于交通工具流动性较大，因此文字及图形应简洁、明朗、完整、易记易识别、不宜过小过繁。车体设计一般涉及两种车辆：企业专用车、公交媒体车等。而VI运用系统中的车体外观设计主要是针对企业专用车，从车型上一般可分为：轿车、面包车、巴士和货车。

轿车、面包车通常是在车耳和后车窗展示企业标志及文字，由于车体较短，也可设计在车体顶部，厢式货车、巴士则可以当做包装盒来进行设计（图5.51）。

图5.51　Active公司交通工具外观设计

4. 环境、招牌、标识类

环境、招牌、标识类指利用公共设施和企业建筑物而设立的各种装置及相关的室内设计，有企业名称标识牌、建筑物外观、企业大门外观、办公环境、销售环境、生产车间环境、橱窗展示、店招、形象墙、接待台、展示陈列、纪念性建筑指示标识等。

设计时主要以基础系统中的要素组合为基础，结合所有标示、展示的内容，因地制宜，与周围环境相协调，达到简洁醒目的视觉效果。这种信息载体直接面对公众，因此设计时必须十分注意各要素应用时的规范性和精准性，以求得规范统一的企业形象。

指示标识是一种导向系统，起到对企业和办公位置的确认功能，并且有区域的区分、各种设施的指引指南等作用，包括楼层分布图、楼层标识，指路标识牌。办公室门牌，公共设施标识牌，警示牌和广告亭等。

在进行建筑物内部即办公、销售、车间环境等的室内设计的过程中，应注重统一色调的应用和氛围的营造，强化企业整体形象，时刻让人体会到企业的理念和精神面貌。

5. 大众传媒广告、宣传品类

大众传媒广告、宣传品类指在大众传媒上发布的广告，包括报纸广告、杂志广告、广播广告、电视广告、网络广告等，还包括网页POP、DM、样本、海报、气模、霓虹灯、路牌、灯箱等。

以报纸广告为例：

报纸是仅次于电视的最大也是最受重视的广告媒体之一，有发行量大、灵活多样、实效性、连续性、费用低等特点。

（1）开本：一般报纸分对开和四开，根据信息量各报社可自定每天印

福特（Ford）
汽车企业VI
设计手册
【图片案例】

行的版面。在特殊情况下可出专刊、特刊或号外版。

（2）版位：从面积上说广告一般分整版、半版、1/4版、1/8版和分块广告。位置有刊头广告、刊尾广告，报缝广告、补白广告等。

（3）计价：报纸广告总的计价标准是每平方厘米为单位。但是面积相同的情况下，以下几个因素会改变计价标准：级别高、影响大的报纸，级别高、影响大的报纸刊登广告的位置及版面，广告印刷的方法及色次等。

（4）时机。报纸广告应选择适当的时机，利用适当的版面、适当频率及巧妙构思使广告效益最大化。

6. 制服与服饰类

企业服饰在企业员工归属感、凝聚力、标示不同岗位、整洁视觉环境等方面都有不容忽视的作用，具体包括男女工作服、男女制服、宣传服、礼仪服、运动服、工作帽、工作鞋袜、手套以及有企业标志的雨衣、雨伞、臂章、领带、领结、领巾、领带夹、手帕等。

以制服为例：

制服一般是指企业管理人员的服装，作为VI系统中员工形象的识别要素，要能够传递企业的各种信息，诸如经济实力、经营状况、精神面貌、经营水平等，便于企业整体形象的统一、劳动组织和生产管理，要求符合管理工作的特点，以稳重大方为主，按照不同的季节可分为春秋装、夏装和冬装。

设计要素分为色彩、造型款式、材料

（1）色彩：企业制服的色彩一般以企业标准色或辅助色为主，并允许利用服装色彩发挥企业内部的"色彩管理"作用，比如高级管理人员宜采用较沉稳的、低明底、低纯度的彩色、借以体现高层管理人员的智慧、练达与地位，中层人员宜采用色彩趋向明快和活泼，可以局部镶色，以彰显训练有素和有条不紊；一般工作人员则色彩鲜明，标示明显的岗位特征、形形色色的制服色彩可清晰地表明人员的职务岗位，便于内部有序管理。

（2）材料：服装的材料分为面料和辅料，考虑到制服反映一个企业的精神面貌和整体形象，通常需要面料的挺括、耐洗，所以就目前的纺织工艺水平，大都采用天然纤维与人造纤维混纺的面料，当然由于工作行业和预算的不同，对面料都会提出不同的具体要求。

（3）造型款式：制服造型款式的设计空间不是很大比较偏重局部细节的设计，其设计重点主要在制服的轮廓，而结构变化主要是在门襟、领位、开缝、褶裥、口袋、纽扣等处。

标志、标准字体、企业造型、辅助图形等基本要素以及标语口号都可以巧妙的装饰在制服的胸口、袋边背后、裤缝、袖缝及配饰的帽徽、胸卡（徽）、肩章、领带（领结、领花、领巾、围巾）、腰带（腰封）、纽扣等处。设计手法有镶、嵌、绣、补、滚、烫印等及作为图案和佩戴等。当然，在进行设计时还要考虑融入流行，贴近时尚，体现时代特征，表现企业特色等因素。

7. 包装用品类

包装是品牌理念、产品特性、消费心理的综合反应，它直接影响到消费者的购买欲。包装是建立产品与消费者之间联系的有力手段。包装作为实现商品价值和使用价值的手段，在生产、流通、销售和消费领域中，发挥着极其重要的作用，是企业与设计人员必须关注的重要课题。包装的功能是保护商品，传达商品信息，方便使用，方便运输，促进销售，提高产品附加值。包装设计在企业形象中的角色，就是将VI的基础设计部分运用到包装设计中，让消费者在接受产品包装设计的同时对企业形象产生认同。当然，商品面对的是变化多端的市场，包装本身也有着自身的独立性，因此在设计上，不能一成不变地套用VI，必须从企业形象、商品服务对象及市场定位多方面加以考虑，创造出既能传达企业形象，又不失商品特点的包装设计（图5.52～图5.54）。

图5.52　Lux Fructus果酒概念包装设计

图5.53 津津西饼屋VI应用要素设计/学生作品/指导教师：申成

图5.54 VI应用要素设计/藝苑绣/指导教师：申成

六、VI应用要素部分的版面编排设计

合理的编排是各种媒介传达信息的有力保障。它的广泛性及艺术表现和技巧传递的多样化，在企业的视觉识别系统中，为人们通过编排设计构建新的思想、理念、文化观念提供了广阔的空间。以下，我们以名片、信纸、信封和DM单为例进行说明。

1. 名片的版面编排

名片是社交场合的媒介，素有"小空间、大舞台"之称，它可以快速简洁地展示、宣传企业与个人。不但具有提示的功能，而且可以形成信息网络，促进人与人之间交流、沟通。

名片上一般有商标、标准字、标准色、公司名称、姓名、头衔、地址、电话、传真及网址等。名片的大小是固定的，如何将这些文字、图形合理地安排在小小的版面里，同时又具有个性及创意性，是名片版面编排的艺术。

名片的版面编排方式主要有规则式和自由式两种，其中的主要形式有：方形、圆形、三角形、横、竖、放射式、弧线式、对折、组合、手绘等。

2. 信纸的版面编排

信纸是公司与客户联系的媒介之一，在日益频繁的商业信函交往中，信纸的作用不仅是传达信息，同时也体现了企业形象。以往对于信纸的设计不是很关注，办公信纸往往过于呆板。但是，随着办公自动化和个人艺术品位的提高，信纸的设计也越来越讲究。信纸的版面一般以视觉识别系统中的标准色、标准字体、商标为构成要素。在统一视觉形象的前提下，寻求多样化的艺术风格。

信纸的版面编排中要注意其实用价值，一般标准字及商标等会安排在边缘部位，主要形式有：上下式、左侧式、右侧式、四边式、对角式、左上式、右上式。

3. 信封的版面编排

信封受邮政尺寸规格、重量、署名位置、信息记录空间等所限制，并且贴邮票位置、邮政编码栏等都有具体规定。设计时要考虑到这些要求，一般边框及封口是设计师常用的取得良好效果的设计点。

（1）巧用边框：色框最能吸引人的视线。

（2）运用图形：图形的语言性很强，可以提高收件人的注意力与好奇心。

（3）封口设计：封口的结构设计将图形与封口巧妙结合，直接影响到收件人的开启冲动。

名片、信纸、信封的设计都是以字体、标识、色彩和统一的版面编排来体现企业形象或者个人风格，作为VI的实用部分要和VI的基础部分协调，这样才不会造成企业形象的无序混乱。

4. DM单的版面编排

DM单是通过邮寄方式宣传企业产品的文本，也是VI应用要素里面的一个部分。在市场竞争越来越激烈的今天，DM单已成为商业活动的重要组成部分。

DM单在开本的选择上一般不太大，这样便于携带和邮寄，可以直接将信息传递给消费者。编排上要注意封面与内页风格的一致，注意版面设计的亲和力，使读者觉得是在

邀请自己阅读，而不是要把自己拒之门外。

DM单的折页有利于表现具有连续性内容或者画幅较大的广告内容，印刷品中分手工折页和机器折页两种，宣传册一般是机器折页。宣传册的折页一般折数不能太多，否则全部打开后面积过大（图5.55～图5.63）。

总之，VI应用要素的各个领域结合不同形式的媒介载体，以实际应用过程中的基本知识为主导，从元素的创意构思、表现形式、技法等层面进行探究，以促进品牌的形象提升和品牌传播。

图5.55 世嘉酒业VI系统设计/学生作品/指导教师：张艳萍

世嘉酒业VI系统设计
【图片案例】

图5.56 Organic Honey 有机蜂蜜品牌形象与包装风格

图5.57 Summer Works 视觉形象推广设计

Ktanor 品牌形象设计
【图片案例】

图5.58 Ktanor品牌形象设计

图5.59 ISD东莞国际学校品牌形象视觉设计

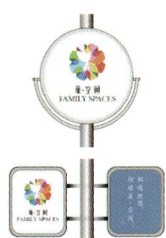

图5.60 巢.空间 VI应用要素设计/任姗姗/指导教师：王丽

巢.空间VI
设计手册
【图片案例】

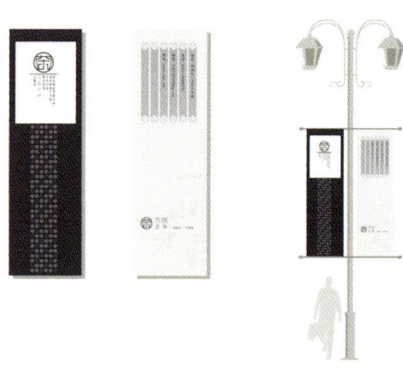

图5.61 茶楼故事VI设计手册/张梦琳/指导教师：王丽

图5.62 贝吉图母婴品牌VI手册/崔婷婷 朱梦蕊/指导教师：刘成瑜

图5.63 大器陶艺有限公司VI设计手册/赵单萍/指导教师：王丽

实践与练习

单元训练和拓展——VI应用要素设计

1. 作品欣赏

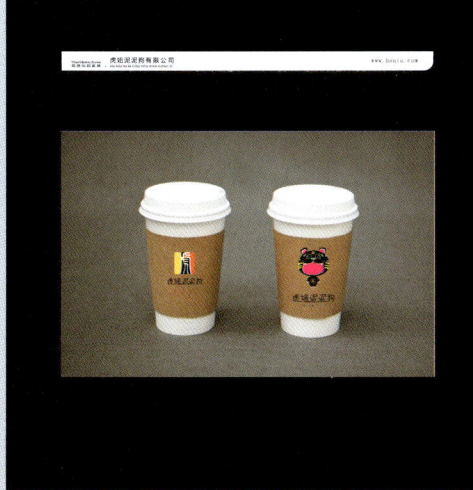

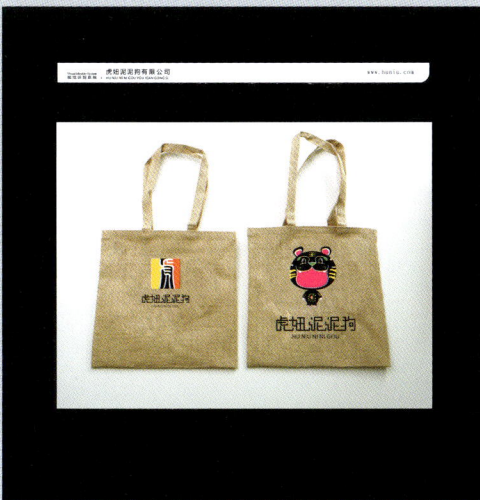
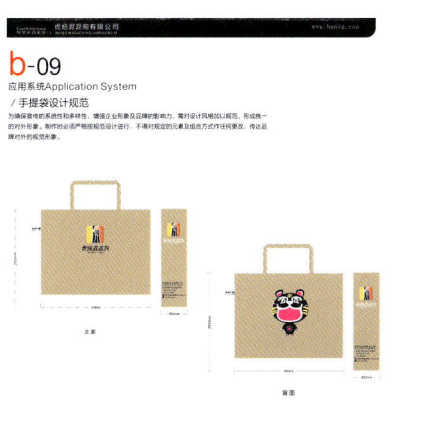

图5.64 虎妞泥泥狗VI应用要素设计/牛运飞/指导教师：刘成瑜

2. 课题内容——本组项目视觉识别应用要素设计并进行展示

- 课题时间：8课时（课上时间为8课时，还需大量课余时间来进行设计制作）
- 教学方式：老师先给提示，列举相关的案例进行分析，启发大家研究和讨论视觉识别应用要素设计的要点，并指导学生完成本组CIS设计项目视觉识别应用要素部分的设计制作，并制作成品进行集中展示。
- 教学要求：在任课教师的指导下，分组进行（2～4人为一组，延续之前的分组），结合知识点与之前的练习和本章的学习内容，对本组的选题进行视觉应用部分设计制作并深入实施。
- 要点提示：在了解和掌握VI应用要素的内容和编排技巧的基础上，结合小组方案讨论及筛选，深入研究并设计制作，完成本项目应用要素设计内容。

训练目的：借助此次课题的开展，从元素的创意构思、表现形式、技法等层面进行引导。在分组进行方案筛选和设计制作过程中提高学生的鉴别能力和设计制作能力，同时，提高学生的沟通协作能力。

3. 其他联系

教师可根据教学的侧重点，鼓励小组成员之间或小组与小组之间进行开放式的对比和争论，在VI应用要素的各个领域结合不同形式的媒介载体的研究，以实际应用过程中的基本知识为主导，加深学生对于本章知识点的认识。

4. 理论思考

（1）VI设计系统的应用要素有哪些？

（2）VI设计系统应用要素的编排需要注意些什么？

5. 相关知识链接

（1）编排设计

参见：陈青. 版式设计[M]. 上海：上海人民美术出版社，2013.

（2）导视系统设计

参见：肖巍. 企业形象与导视系统设计[M]. 武汉：华中科技大学出版社，2011.

附件：

一、VI 应用要素编排设计常用的常用制作尺寸列表

1. 名片：

   横版：90mm×55mm<方角>85mm×54mm<圆角>

   竖版：50mm×90mm<方角>54mm×85mm<圆角>

   方版：90mm×90mm 90*95mm

2. IC卡：

   85mm×54mm

3. 三折页广告：

   标准尺寸：（A4）210mm×285mm

4. 普通宣传册：

   标准尺寸：（A4）210mm×285mm

5. 文件封套：

   标准尺寸：220mm×305mm

6. 招贴画：

   标准尺寸：540mm×380mm

7. 挂旗：

   标准尺寸：8开　376mm×265mm

   　　　　　4开　540mm×380mm

8. 手提袋：

   标准尺寸：400mm×285mm×80mm

9. 信纸、便条：

   标准尺寸：185mm×260mm　210mm×285mm

二、附表：CI 手册的编制内容（该表格是企业 CI 手册编制的一般内容罗列，可根据企业个体特征进行添减或修改）

章节	内容
第一章	基本要素系统 　　企业领导的题词或前言 　　关于CI手册的说明 　　CI设计的目的 　　CI标志（阴、阳） 　　标准体（简、繁体、中、英文） 　　企业标准色（企业色） 　　辅助标准色（部门色） 　　指定书体（中、英文）

续表

章节	内容
第二章	组合系统 　　基本要素的组合形式 　　横向组合、纵向组合、特殊组合 　　制作图（九宫格法） 　　制作图（比例法） 　　色彩基准（单色） 　　色彩基准（二色以上） 　　禁例
第三章	事务用品 　　序言 　　信纸（中文、英文）、信封（普通、航空）、专用信纸、专用信封（中文、英文）、名片（中文、英文、社交用、业务用）、开窗式信封（根据业务需要）、通讯录、办公用品、旗帜、证章、证件、标牌
第四章	业务用品 　　序言 　　一般设计的原则基准 　　表格系统的基本构成 　　各种发票、单据的构成 　　对外用单据的构成
第五章	广告 　　序言 　　基本要素的用法 　　广告设计系统（印刷物） 　　广告设计系统（电视） 　　广告设计系统（路牌、灯箱类） 　　广告设计系统（销售用、POP） 　　组合系统的运用方法 　　色彩系统的处理方法 　　制作系统的基本方法
第六章	商品 　　序言 　　名牌商品的原则 　　与商品有关的基本形 　　商品和包装设计的基本要素 第七章导示系统 　　序言 　　主要设施的统一形象（中文、英文） 　　导示系统（标准标板与方向的指示特征） 　　安装的基本原则与标准 　　特殊指示系统
第七章	礼品 　　序言 　　礼品、包装制作的规范 　　基本形的设计 　　礼品管理条例
第八章	服装 　　序言 　　服装统一的基本原则 　　服装管理的基本准则

续表

章节	内容
第九章	车辆 　　序言 　　车辆统一的基本原则 　　（根据企业的不同需要可以增加若干章节）
第十章	一般准则 　　序言 　　工作人员行动规范的准则
第十一章	技术性补充说明 　　技术性补充说明的目的与要求 　　色彩管理 　　管理用色标 　　标志的做版稿（按比例由小到大） 　　标准体的做版稿（按比例由小到大） 　　组合形式的做版稿（按比例由小到大）

参 考 文 献

[1] 张天一.CI设计[M].沈阳：辽宁师范大学出版社，1998.
[2] 陈青.VI设计教程[M].上海：上海人民美术出版社，2012.
[3] 姚斌，刘颖悟.CI设计[M].上海：上海人民美术出版社，2010.
[4] 云双庆.CI设计[M].北京：中国青年出版社，2009.
[5] 李森.企业形象策划[M].北京：北京交通大学出版社，2013.
[6] 王宇新.企业家道——企业环境规划与形象设计[M].北京：经济管理出版社，2012.
[7] 叶万春，等.企业形象策划－CIS导入（新概念营销本）[M].大连：东北财经大学出版社，2011.
[8] 程宇宁.品牌策划与管理[M].北京：中国人民大学出版社，2011.
[9] 刘世忠.品牌策划实务[M].上海：复旦大学出版社，2012.
[10] 王淮平，何欣.现代企业形象识别系统[M].北京：中国社会科学出版社，2010.
[11] 湛广.品牌源动力：6C定位与战略执行[M].北京：中国发展出版社，2013.
[12] 欧阳超英.标志创意与设计[M].武汉：武汉理工大学出版社，2009.
[13] 张德，吴剑平.企业文化与CI策划[M].北京：清华大学出版社，2013.
[14] 庄春青，王淑慧.现代CI策划与设计[M].上海：东华大学出版社，2012.
[15] 孙大刚.品牌形象设计[M].济南：山东教育出版社，2012.
[16] 韦云.企业VI设计[M].北京：北京大学出版社，2012.
[17] 刘瑛，徐阳.CIS企业形象设计[M].武汉：湖北美术出版社，2009.
[18] [日]吴艺华主编，李巍改编.VI设计[M].北京：人民美术出版社，2011.
[19] [美]马克·高贝.品牌大设计[M].北京：中央编译出版社，2014.
[20] [美]萨马拉.完成设计——从理论到实践[M].温迪，王启亮，译.南宁：广西美术出版社，2012.
[21] 刘峥.浅析企业文化理论与CI的关系[J]．经营与管理，2009（15）．